Less is More 모더니즘을 대표하는 건축가 미스 반데어로에Mies van der Rohe가 한 말로 '적은 것이 더 많다'라는 뜻으로 해석할 수 있습니다. 더 추가할 것이 있는 게 아닌, 더 이상 뺄 것이 없는 완벽한 상태의 미학과 아름다움에 대해 지금도 많은 디자이너들이 지지를 보내고 있습니다.

Less is Bore 시간이 지나 포스트모던 건축가로 알려진 로버트 벤투리Robert Charles Venturi Jr는 'Less is Bore(적은 것은 지루하다)'라는 말로 'Less is More'를 반박합니다. 모던한 디자인은 재미도 없고 의미도 없다는 뜻으로 본질에 집중하지만 다양성 역시 확보할 수 있어야 흥미로울 수 있다는 사실을 확인해줍니다.

More is More 모더니즘, 포스트모더니즘 시대를 지나면서 고려해야 할 변수가 늘어납니다. 이러한 현대건축과 디자인의 모호함과 복잡함을 표현하는 대표적인 문장이 'More is More(많은 것이 더 많다)'로 이는 건축가 렘 콜하스의 책 제목이기도 합니다.

Less is More, Less is Bore, More is More. 모두 그 시대의 정신과 디자인 사조를 함축한 명언입니다. 좋은 디자인이란 무엇인가에 대한 대답이라고 할 수 있습니다. 또 시대를 초월해, 디자인을 넘어 삶의 태도와도 맞닿아 있어 많은 사람들의 지지를 얻고 있는 문장이기도 합니다. 그리고 'Less is not More, More is More', 'More is More, and Less is Bore' 등으로 끊임없이 반박되고 변주됩니다. 지금은 미니멀리즘 혹은 그 무엇이 대세를 이루기 어려울 만큼 복잡하고 다변화된 세상이기 때문입니다. 함께 살아가기 위한 상생과 지속 가능성 등 고민해야 할 가치가 점점 더 늘어나고 있습니다. 'Less is More'의 개념으로 시작한 노브랜드의 디자인 싱킹은 시대정신을 따라 진화하면서 'Less is Bore', 'More is More'와 넓게 닿아가고 있습니다. 스마트 컨슈머를 위해 노브랜드가 등장한 것은 결코 우연이 아닙니다. 디자인 싱킹을 통해 자신만의 디자인 오리지널리티를 만들어낸 노브랜드의 성공이 더욱 특별한 이유입니다.

이 책은 단순한 PB 브랜드 그 이상, 스마트 컨슈머를 위한 콘텐츠 프로바이더 노브랜드가 추구하는 정신을 담은 자기소개서이자 또 하나의 기획 상품이라고 할 수 있습니다. 9명의 디자이너들은 자신의 라이프스타일을 통해 노브랜드가 담고 있는 가치를, 9명의 오피니언 리더들은 다양한 사회문화 트렌드를 짚어줍니다. 또 노브랜드를 만든 사람들은 노브랜드 사용 설명서와 워크 스타일, 디자인과 상품 개발 전략, 비즈니스 시스템, 상생의 가치 등을 들려줍니다. 더 좋은 상품을 원하는 소비자에게 꼭 필요한 높은 품질과 디자인 완성도, 합리적인 가격만 남겨 성공한 노브랜드의 영업 비밀을 소개합니다.

뺄 건 빼고 품질은 더 챙긴
노브랜드가 매력적인 이유

PB는 글로벌 소비재 시장의 블루칩으로 부상했다. 제품의 상향 평준화는 유명 브랜드의 프리미엄보다는
실속 있는 소비를 추구하는 현상을 낳았고, 이는 노브랜드 같은 PB가 성공할 수 있는 사회문화적 배경이 된다.

글 김병규

서울대학교를 거쳐 와튼 스쿨에서 마케팅 박사 학위를 받았다. 지난 15년 동안 한국과 미국을 오가며 소비자의 의사 결정과 브랜드 전략에 대해 연구한 마케팅 분야의 권위자다. 한국인 최초로 미국마케팅협회에서 선정하는 최우수 논문상인 폴 이 그린 어워드Paul E. Green Award를 수상했다. 현재 연세대학교 경영학과 교수로 재직 중이며, 〈노 브랜드 시대의 브랜드 전략〉을 출간했다.

전 세계적으로 PB(Private Brand) 시장이 빠르게 성장하고 있다. 미국의 경우 2013~2018년 사이 유명 브랜드 제품의 매출은 7.4% 증가에 그친 반면 PB 제품의 매출은 41%나 상승했다. PB 제품 수를 기준으로 한 시장점유율은 25%에 가깝다. 판매된 제품 4개 중 하나가 PB 제품인 것이다. 유럽에서는 대부분의 국가에서 PB 제품의 시장점유율이 이미 30%를 넘었고 독일, 스위스, 스페인처럼 40%가 넘는 국가도 많아지고 있다. 한국에서도 PB 제품의 시장점유율이 최근 빠르게 증가하고 있다. 심지어 PB 제품의 매출이 유명 브랜드 제품의 매출을 넘어서는 일도 발생한다. 미국의 유명 식품 브랜드 크래프트 하인즈Kraft Heinz의 2018년 매출액은 260억 달러였던 데 반해 코스트코Costco는 자사의 PB 라인인 커클랜드 시그너처Kirkland Signature로만 무려 390억 달러의 매출을 기록했다. 크래프트 하인즈의 투자자인 워런 버핏이 앞으로 PB는 더욱 강해질 것이라고 공언할 정도로 지금 PB는 소비재 시장에서 가장 중요한 화두라고 할 수 있다.

이처럼 PB 시장이 빠르게 성장하는 이유는 일차적으로 경제 상황과 관련된다. PB 제품의 매출은 경제 상황의 영향을 크게 받는다. 경제가 어려울 때는 소비자들의 실리 추구 성향이 강해지기 때문에 PB 제품의 매출이 늘어나고, 경제가 호황일 때는 매출이 감소하는 패턴이 지난 수십 년 동안 반복되었다. 현재 세계경제는 저성장이 고착화하는 양상을 보이고 있는데, 이러한 경제 상황의 영향을 가장 직접적으로 받는 것이 밀레니얼 세대다. 이들은 세계 금융 위기 속에서 자랐고 성인이 된 후에도 여전히 저성장 시대에 살고 있다. 밀레니얼은 이전 세대에 비해 실리적 가치를 추구하는 경향이 강하기 때문에 이들을 중심으로 PB 제품의 수요가 크게 증가하고 있다. 한 조사에 따르면 밀레니얼 세대 가운데 PB 제품을 구입한다고 응답한 사람의 비율이 무려 92%

에 달할 정도로 많은 젊은이들이 PB 제품을 구매하고 있다. 밀레니얼 세대는 현재 소비를 주도하고 유행을 만들어내는 위치에 있다. 그렇기 때문에 이들을 중심으로 한 PB 제품 구입은 다른 세대의 소비 방식에도 영향을 미치게 된다. 하지만 경제 상황이나 밀레니얼 세대가 보이는 실리 추구 성향만으로 현재 PB 시장의 빠른 성장을 설명하기는 부족하다.

　이보다 근본적인 원인은 바로 제품의 상향 평준화와 이로 인한 브랜드 가치의 하락이다. 시장에 공급되는 제품들의 품질이 일정 수준을 넘어서면 소비자들은 제품 간 차이를 잘 인식하지 못하게 된다. 그 결과 유명 브랜드의 후광 효과가 사라지고, 소비자는 굳이 유명 브랜드 제품을 구입할 필요성을 느끼지 못한다. 즉 유명 브랜드가 가지고 있던 프리미엄이 사라졌기 때문에 PB 시장이 성장하는 것이지, 단지 저렴한 제품을 찾는 소비자가 많아졌기 때문에 PB 시장이 커지는 것은 아니다. 실제로 예전에 PB 제품을 구입하던 소비자층과 현재의 소비자층에는 큰 변화가 있다. 미국에서 진행한 조사에 따르면 연소득 10만 달러(약 1억 2000만 원)가 넘는 고소득자 가운데 PB 제품을 구입하겠다고 응답한 사람의 비율이 59%에 달한다. 예전에는 유명 브랜드 제품을 구입하기 어려운 저소득층이 주로 PB 제품을 구입했던 반면, 현재는 고소득층에서도 PB 제품 구입이 크게 늘어난 것이다. 이는 PB 시장의 성격 자체가 변화하고 있음을 의미한다.

유명 브랜드 제품의 매력적인 대안
지금 PB 제품 소비자는 단지 저렴한 가격 때문에 구입하는 것이 아니다. 이보다는 유명 브랜드 제품과 PB 제품을 구분

> **❝** 노브랜드가 저가 전략의 많은 PB 사이에서 큰 성공을 거둔 이유는 품질과 디자인에 있다. 가격적으로는 초저가를 지향하지만 품질은 유명 브랜드 수준을 유지하며, 디자인적으로도 유명 브랜드 못지않은 완성도를 보인다. 그렇기 때문에 초저가 제품을 찾는 소비자뿐 아니라 유명 브랜드 제품만 구입하던 소비자에게도 매력적인 대안으로 여겨지는 것이다. **❞**

하지 않기 때문에 PB 제품의 판매량이 늘어나는 것이다. 따라서 지금 PB에 필요한 것은 단순히 저렴한 가격이 아니라 유명 브랜드 수준, 혹은 그 이상의 품질과 디자인으로 만든 매력적인 제품이다. 창고형 할인 매장 코스트코나 미국 최대 규모의 대형 마트인 크로거Kroger가 PB로 많은 매출을 올릴 수 있는 이유도 이들이 공급하는 PB 제품의 품질과 디자인이 뛰어나기 때문이다. 여기서 이마트의 노브랜드가 한국의 PB 시장에서 큰 성공을 거둘 수 있었던 이유를 찾을 수 있다.

노브랜드는 기본적으로 가성비가 좋은 초저가 제품을 표방한다. 하지만 노브랜드 수준의 가격 경쟁력을 갖춘 PB는 노브랜드 이전에도 존재했고 지금도 많이 존재한다. 만약 노브랜드가 품질과 디자인적 완성도를 적당히 타협하면서 낮은 가격만을 중요하게 여겼다면 지금과 같은 성공을 이뤄낼 수 없었을 것이다.

노브랜드는 지금 한국을 대표하는 PB로 인식되고 있다. 하지만 현재의 성공이 미래의 성공을 보장해주지는 않는다. 최근 쿠팡이나 마켓컬리, 배달의민족 같은 온라인 플랫폼이 모두 PB 사업에 주력하기 시작했다. 이들은 충성 고객 규모가 크며 빠르게 증가하고 있기 때문에 만만치 않은 경쟁 상대가 될 것이다. 실제로 지금 쿠팡의 탐사 제품이나 마켓컬리의 컬리스 제품은 충성 고객을 중심으로 높은 매출을 기록하고 있다. 노브랜드는 현재에 만족하지 않고 온라인 플랫폼에 맞설 수 있는 경쟁력을 갖춰야 한다. 온라인 플랫폼의 PB 사업은 이제 막 시작되었다. 그리고 점점 더 다양한 PB 제품을 쏟아낼 것이다. 노브랜드가 한국의 대표적 PB 자리를 굳건히 지켜나가기를 바란다.

비웠더니 채워지는
노브랜드-하다

고객이 원하는 것은 좋은 브랜드일까, 좋은 상품일까? 멋진 포장과 광고, 마케팅이 꼭 필요할까?
가격과 품질 그리고 소비자, 세 가지 가치에 집중해 혁신에 성공한 '노브랜드'의 탄생 스토리와 비전을 소개한다.

No Brand
브랜드가 아니다. 소비자다

최적의 소재와 제조방법을 찾아
가장 최저의 가격대를 만드는 것
이것이 노브랜드의 이념과 철학
당신이 스마트 컨슈머가 되는 길

더 좋은 상품을 더 스마트하게

출시 4주 만에 20만 개가 판매된 초콜릿이 있다. 아몬드, 베리 등 견과류나 과일을 넣는 공정을 생략하고 좋은 초콜릿의 기준인 유럽산 카카오 버터에 집중해 풍부한 맛을 완성했다. 물을 끓이는 기능 외에는 어느 것도 더하지 않은 커피포트, 디지털 대신 다이얼 조작법을 적용해 5만 원 이하로 가격을 낮춘 에어 프라이어는 불필요한 기능 대신 합리성을 선택한 결과다. 이 제품들은 소비자들 사이에서 '맛있다', '가성비 최고'라는 입소문이 나면서 폭발적 반응을 불러일으켰다. 소비자들은 온라인상에서 제품 재고가 있는 매장 정보를 공유했고, 브랜드를 대신해 자발적 홍보에 나섰다. 광고나 홍보, 브랜딩 없이 본질에 집중해 합리적 소비의 상징이 된 노브랜드 이야기다.

노브랜드는 '고객이 진정 원하는 것이 무엇인가?'에 대한 끊임없는 질문으로부터 시작한 브랜드다. '브랜드보다 중요한 건 소비자'라는 가치 아래 이 시대 스마트 컨슈머 smart consumer에게 합리적 가격의 상품을 제공하기 위해 본질만 빼고 다 버리자(브랜드까지도!)는 모토는 아이러니하게도 브랜드의 가장 핵심적인 DNA가 됐다.

노브랜드는 이마트 PB로 시작했지만 단순히 초저가만을 지향하는 것은 아니다. 노브랜드 상품의 기준은 '실용성'과 '품질'. 소비자 및 시장 수요에 관한 철저한 분석을 거쳐 상품을 개발하며 수많은 테스트와 검증을 통해 소비자가 원하는 것만을 담아내는 것이 핵심 전략이다. 이를 위해 노브랜드는 비밀연구소를 설립하고 52주 발명 프로젝트를 진행했다. 유통 회사의 고정관념을 깨고 직접 해외에서 제품을 소싱하는가 하면, 국내외 기술력을 갖춘 파트너사를 발굴해 가격, 품질, 실용 삼박자를 충족시키는 상품을 개발하는 데 목적을 둔 프로젝트였다. 그 결과 2015년 4월 뚜껑 없는 변기 커버, 와이퍼 등의 상품으로 출발해 출시 첫 달 높은 매출을 올렸고, 출시 1년 만인 2016년에는 연간 목표를 훨씬 초과하는 매출을 달성했다. 상품 수는 2016년 800종, 2017년 1000종, 2018년 1300종으로 빠르게 늘어났다. 성공 가능성을 확인한 노브랜드는 2016년 8월, 1호 전문점 용인보라점을 시작으로 2020년까지 278개 전문매장을 오픈했고, 2020년 기준 매출 1조원 이상을 기록하며 성공신화를 써 내려가고 있다.

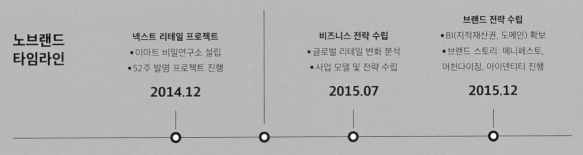

노브랜드 타임라인

노브랜드 테스트 상품 출시
• 뚜껑 없는 변기 커버, 감자칩 외
2015.05

넥스트 리테일 프로젝트
• 이마트 비밀연구소 설립
• 52주 발명 프로젝트 진행
2014.12

비즈니스 전략 수립
• 글로벌 리테일 변화 분석
• 사업 모델 및 전략 수립
2015.07

브랜드 전략 수립
• BI(지적재산권, 도메인) 확보
• 브랜드 스토리: 메니페스토, 머천다이징, 아이덴티티 진행
2015.12

스마트 컨슈머가 선택한 브랜드

소비자라면 누구나 질 좋은 제품을 싸게 사길 원한다. 여기서 방점은 '가격'이 아니라 '품질'이다. 세제 하나라도 제대로 된 좋은 품질의 제품을 구입해 가격 대비 효용이 높은 소비 가치를 추구한다. 브랜드 이름에 비싼 값을 지불하기보다 가성비 좋은 제품을 찾기 위해 시간과 노력을 투자하는 스마트 컨슈머의 등장은 단순한 트렌드를 넘어 하나의 사회 현상이다.

노브랜드는 이러한 가치 소비 현상에 맞춰 품질 기준을 다시 세웠다. 우수한 제조 파트너사와 협업해 경쟁력을 강화하는 것은 물론, 상품 기획부터 최종 생산까지 과정별 품질관리에 총력을 기울인다. 제품 종류를 줄이고 생산 공정을 간소화해 품질관리에 집중하고, 포장 디자인과 마케팅 비용을 절감하되 원재료의 중요성은 간과하지 않는 모든 과정은 '좋은 품질을 유지하되 가격을 획기적으로 낮춘다'는 브랜드 목표의 변치 않는 기준이다. 호기심과 저렴한 가격에 구매했던 소비자들은 '기대 이상의 품질'에 놀랐고 '싸지만 질 좋은 제품'이라는 입소문으로 합리적 소비의 선순환이 이뤄진다.

노브랜드의 제품 카테고리는 크게 세 가지로 나뉜다. 주방용품·일상용품·뷰티케어용품·가전용품을 소개하는 라이프스타일lifestyle, 과자·음료·대용식·조미료·커피·냉장 식품을 소개하는 그로서리grocery, 시즌 신선 식품과 냉동 신선 식품을 소개하는 프레시 푸드fresh food로 국내 우수 제조사와 함께 개발한 자체 PL(Private Label) 제품의 비중을 70% 정도 유지하며 절대 가성비 정책을 실현한다.

하드 디스카운트 스토어(초저가 할인 매장)의 핵심 전략은 매장 운영 방식에도 적용된다. 꼭 필요한 인테리어로만 매장을 구성해 초기 투자 비용과 유지 비용을 절감한 것은 물론 소분실과 창고가 없는 것도 특징이다. RRP(Retail Ready Package), 즉 제품 포장 박스를 윗부분만 뜯어내 진열대에 바로 적재하는 방식으로 박스 안 제품이 모두 판매될 때까지 새 제품을 채워 넣지 않고, 체계적인 일별 물류 배송으로 제품을 정리하는 시간과 적재하는 공간을 최소화했다.

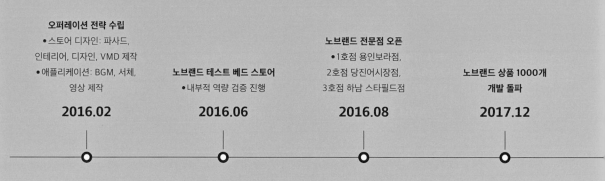

오퍼레이션 전략 수립
- 스토어 디자인: 파사드, 인테리어, 디자인, VMD 제작
- 애플리케이션: BGM, 서체, 영상 제작

2016.02

노브랜드 테스트 베드 스토어
- 내부적 역량 검증 진행

2016.06

노브랜드 전문점 오픈
- 1호점 용인보라점, 2호점 당진어시장점, 3호점 하남 스타필드점

2016.08

노브랜드 상품 1000개 개발 돌파

2017.12

더 많은 가치를 담다

노브랜드의 혁신은 기업의 사회적 책임으로도 이어진다. 먼저 전국의 전통 시장의 활성화를 위해 시장 내에 상생 스토어를 운영한다. 전통 시장에서 판매하는 주요 품목은 제외하고 상품 구성을 하는 등 상생 모델을 만들어가는 데 집중한 덕에 지역 상인은 물론 소비자로부터 긍정적 평가를 받고 있다. 또 우수 중소기업 성장 프로그램을 통해 중소기업의 성장과 발전을 돕는다. 협력 회사 중 중소기업 비중을 70% 이상 유지하며, 판매 확대로 중소기업 상품의 홍보 효과를 높인다. 2016년부터 여성가족부와 협업해 저소득층 청소년에게 150만 개의 여성 위생용품을 후원하고 있으며, 지자체와 연계해 노브랜드 점포 오픈 시 해당 지역 200가구를 선정해 노브랜드 생필품으로 구성된 희망 푸드 박스를 지원하는 등 지역 상생을 위한 활동 역시 눈여겨볼 대목이다.

더불어 노브랜드의 또 하나의 유통 채널은 글로벌 시장이다. 노브랜드의 핵심 역량(합리적 가격 & 좋은 품질)을 바탕으로 필리핀·베트남·몽골 이마트 입점은 물론 다양한 국가로 수출을 확대해나가는 것. 브랜드보다는 소비자에 집중하고 상품의 본질적 가치인 '가격'과 '품질'을 위해 불필요한 것을 덜어내는 진정성으로 많은 소비자들의 삶에 스며든 노브랜드. 성공보다는 '혁신'이라는 단어가 어울리는 노브랜드의 내일이 더 기대되는 이유다.

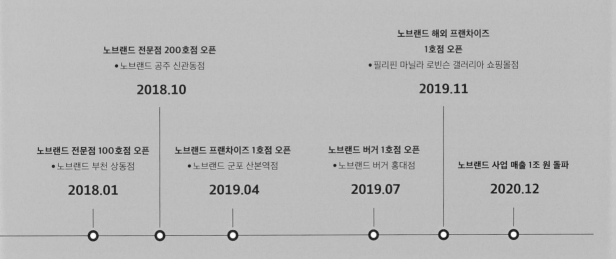

노브랜드 전문점 200호점 오픈
● 노브랜드 공주 신관동점

2018.10

노브랜드 해외 프랜차이즈
1호점 오픈
● 필리핀 마닐라 로빈슨 갤러리아 쇼핑몰점

2019.11

노브랜드 전문점 100호점 오픈
● 노브랜드 부천 상동점

2018.01

노브랜드 프랜차이즈 1호점 오픈
● 노브랜드 군포 산본역점

2019.04

노브랜드 버거 1호점 오픈
● 노브랜드 버거 홍대점

2019.07

노브랜드 사업 매출 1조 원 돌파

2020.12

노브랜드의 탄생, 비하인드 스토리

노브랜드는 4평 남짓한 사무실 한 귀퉁이에서 시작되었다. 4명으로 구성된 TFT는 이 사업의 방향성이 무엇이고, 사업에 가장 필요한 것들이 무엇일까에 대해 끊임없이 논의하고 토론한 결과 아래와 같은 답을 얻었다.

**"이 사업은 콘셉트 비즈니스다.
사업 초기부터 철학과 원칙이 명확해야 한다."**

이 명확한 명제가 초기부터 흔들림 없이 사업 모델을 구현할 수 있었던 계기가 되었다. 철학과 원칙이 세워지면 사업을 구조화하면서 발생하는 다양한 의사 결정 사안에 대해 명확한 결론을 얻을 수 있다는 믿음이 구성원 모두에게 있었다. 이러한 기준이 세워진 이후 사업 론칭을 위한 업무들이 원활하게 진행되었다.

비밀연구소라는 이름으로 세상에 없는 새로운 매장을 만들기 위한 기획서가 작성되고 그에 걸맞은 인력이 보강되면서 본격적으로 새로운 사업을 향한 항해가 시작되었다. 상품개발팀에서는 기존에 개발했던 노브랜드 상품 중 100여 가지를 전면 재개발하고, 빅데이터를 활용한 고객 분석을 통해 가장 많이 찾는 상품 중심으로 카테고리별 개발을 시작했다. 매장 하나 없는 상태에서 경쟁력 있는 상품을 만들어내는 과정은 쉽지 않았다. 제조사에게 앞으로의 비전과 방향성을 제시했지만 원하는 가격, 품질, 스펙을 갖춘 상품 개발은 요원해 보였다. 기꺼이 함께 하겠다는 곳보다는 반신반의하는 제조사가 훨씬 많았다. 국내에서 적당한 제조사를 찾지 못한 경우에는 해외에서 우수 제조 기업을 찾고자 노력했고 그렇게 전 세계를 돌아다닌 끝에 가성비 높은 상품을 만들어낼 수 있었다. 오직 상품 개발을 위해서만 20여 명의 바이어가 1년을 매달렸다.

매장 기획 및 운영팀에서는 기존에 시도하지 않았던 방식으로 매장의 레이아웃 설계 및 시설물, 쇼핑백, 유니폼, BI, BGM 등을 새로운 관점으로 개발하기 시작했다. 토털 코스트의 관점으로 매장 효율화를 위한 고민을 거듭했고 그 결과 매장의 진열과 인력 운영 방식, 출점 방향 등의 전략을 세울 수 있었다. 기존과는 다른 콘셉트의 매장에 고객들이 어떻게 반응할까에 대한 고민도 많았지만 준비를 거듭할수록 그 가치를 알아봐줄 것이라는 믿음으로 바뀌어갔다.

2016년 5월, 드디어 개발한 모든 상품과 집기로 최종적인 비밀연구소를 구현했다. 약 2년간의 준비 끝에 700여 개의 상품과 신규 개발한 시설물을 바탕으로 실제 매장 형태를 그대로 구현해 고객의 이동 및 매장 운영에 대한 전반적인 시뮬레이션을 수없이 반복했다. 이러한 검증을 통해 실제 고객이 불편하지 않을지, 보완하거나 채워야 할 부분은 무엇인지를 끊임없이 검토했다. 오픈 하루 전까지 사업 모델을 다시 한번 점검하며 부족한 부분을 채워갔다.

2016년 8월, 경기도 용인시 보라동 노브랜드 1호점

이마트의 초저가 PB 상품으로 시작해 비밀연구소를 통한 신규 상품 개발까지, 명확한 철학과
원칙을 바탕으로 지금의 '가성비 노브랜드'가 탄생하게 된 배경과 비하인드 스토리를 소개한다.

오픈이 결정되었다. 오픈 D-DAY 약 2주 전부터 모든 구성
원들이 분주해졌다. 오픈 전날까지 공사가 완료되지 않아 전
직원이 매장에서 더위와 싸워가며 진열부터 정리 정돈까지
직접 진행했다. 모든 직원의 눈빛에는 간절함이 가득했다.
마지막까지 상품 하나하나 체크하며 밤늦도록 매장을 떠나
지 못했다. 그렇게 치열했던 오픈 준비가 마무리되었다.
　　드디어 오픈날 아침, 당일 매장 입고 물량을 진열하
고 있는데 이미 매장 밖에 수 백명의 대기 줄이 만들어졌다.
지나가던 동네 주민들도 도대체 노브랜드가 뭐 하는 곳이냐
며 물었고 오픈이 시작되자마자 밀려드는 고객들로 매장은
발 디딜 틈이 없을 정도였다. 전 직원은 매장 진열부터 계산
까지 지원하면서 끊임없이 몰려드는 고객들을 응대했고, 그
동안의 노력이 헛되지 않았음을 느꼈다.
　　브랜드가 없다는 핸디캡, 이마트 내부 PB에 불과하
다는 시선이 서서히 바뀌었고 의구심에서 확신에 찬 신뢰로
변화해갔다. 고무적인 것은 별도의 홍보나 마케팅을 전혀
하지 않았음에도 고객들이 자발적으로 SNS에 #노브랜드,
#가성비 등의 해시태그를 올려 스스로 노브랜드의 마케터
역할을 자처했고, 그 입소문이 큰 파급력을 갖게 된 점이다.
포털 사이트에 '가성비'라고 검색했을 때 '노브랜드'가 나타
나는 놀라운 일이 이어졌다. 이러한 고객의 성원과 지지를
바탕으로 노브랜드는 그 확장세를 이어갈 수 있었다.
노브랜드의 시작은 화려하지 않았지만 흔들리지 않는 기준

으로 지금까지 많은 고객들에게 사랑받고 있다. 처음 기준으
로 삼았던 이 문장을 바탕으로 사업을 기획했기 때문이다.

**"이 사업은 콘셉트 비즈니스다.
사업 초기부터 철학과 원칙이 명확해야 한다."**

여전히 우리가 고객들에게 듣고 싶은 평가는 '가성비 노브랜
드'다. 고객들이 상품을 구매하고 '좋은 상품 싸게 잘 샀다'고
말해주는 그 한마디가 모든 구성원이 더욱더 힘을 낼 수 있
는 원동력이 된다. 아직 노브랜드가 해야 할 일이 많다. 브랜
드를 지웠을 때 비로소 소비자를 볼 수 있었던 노브랜드의
경험을 바탕으로 이제는 또 다른 노브랜드의 시작을 준비하
는 중이다.

1 4평 남짓한 사무실에서 고민한 흔적.
2 완성된 비밀연구소의 시작.
3 좋은 상품을 찾기 위해 세계를 누빈
바이어들.
4 노브랜드 철학을 담기 위한 매장
기획.
5 오픈 전 노브랜드 1호점 용인보라점.
6 완성된 용인보라점 내부.

무엇을 덜 했더니
무엇이 더해졌나

가장 단순하지만 가장 본질적인
핵심 기능만 남기고
불필요한 비용을 제거해
고객 가치를 높인 노브랜드의 제품 전략

LESS IS MORE

산업 디자이너
이석우

뺄수록 더 완벽해진다

한국의 대표 산업 디자이너를 묻는 질문에 늘 영순위로 이 이름이 꼽힌다.
평창동계올림픽 메달 디자인부터 아파트 단지의 마스터플랜까지 설계하는 산업 디자이너.
매 순간 새로운 영감에 자극받을 수 있도록 삶의 리듬을 정갈하게 유지하는
디자이너 이석우에게 좋은 상품과 디자인의 조건을 물었다.

종로구 재동에 자리한 SWNA 스튜디오. 벽면 가득 붙어 있는 이미지와 메모,
책상 위 디자인 서적이 산업 디자인 회사의 아이덴티티를 말해주는 듯하다.

애플, 무인양품, 뱅앤올룹슨의 공통점은? 20세기를 대표하는 산업 디자이너 디터 람스의 미니멀리즘 디자인 철학을 계승하고 있다는 점이다. '디자이너의 디자이너'로 불리는 디터 람스는 '디자인이란 단순히 아름다움을 추구하는 것을 넘어 더 나은 삶과 더 나은 세상에 일조해야 한다'고 강조했다. 그가 주창한 "Less, but better(적게, 그러나 더 나은)"는 현재까지도 수많은 브랜드의 디자인 표준으로 꼽히며 후배 디자이너들의 작업은 물론 삶의 태도에 영향을 미친다. SWNA 이석우 대표 역시 디자인에서 단순함의 힘을 믿는다. 화려한 장식 대신 본질만 남긴 담백한 디자인은 궁극적으로 사용자가 자기표현을 할 수 있게 해 오래가는 제품으로 남는다.

"대체로 군더더기 없는 디자인을 선호해요. 언뜻 보기에는 소박하지만 매일 마주해도 질리지 않는 순도 높은 간결함과 우아한 단순미를 구현하기 위해 프로젝트 초기 단계에 많은 시간을 할애하죠. 사람들이 무엇에 관심이 있고 사회현상이나 트렌드가 어떻게 바뀌고 있는지 관찰하고 이러한 맥락을 제품(서비스)에 반영하되, 가장 정제된 형태(기능)로 표현하는 것이 바로 산업 디자인의 역할이라고 생각해요."

2015년에 디자인한 KT 우산은 KT가 통신사라는 점에 착안해 비 오는 날 우산을 팔에 끼고 스마트폰을 사용할 수 있도록 손잡이를 단순한 C자 고리 모양으로 구현했다. 오뚜기 리모컨은 소파나 테이블 틈새로 들어간 리모컨을 찾기 어려웠던 경험을 토대로 늘 서 있을 수 있도록 바닥을 구 모양으로 디자인했다. 스튜디오 초기부터 진행한 대림 e-편한세상 프로젝트는 아파트에 설치하는 스위치, 온도 조절기, 문손잡이, 조명, 단지 내 가로등, 주차 차단기 등 제품 디자인뿐 아니라 디자인 전략, 시스템, 브랜드 아이덴티티 등을 통합적으로 구축했다. 2019년 진행한 푸르지오 리브랜딩 작업은 로고나 시각적 요소를 보여주는 것을 넘어 마스터플래닝 설계를 기획한 프로젝트로 아파트 단지를 하나의 마을로 설정하고 커뮤니티, 부대시설, 서비스 등 단지 내에서 이뤄지는 경험이 브랜드와 연결될 수 있는 방식을 고민한 결과물이다.

그가 산업 디자이너로서 대중에게 이름을 알린 계기가 된 것은 2018 평창동계올림픽 메달 디자인이다. '평창동계올림픽이공일팔'의 한글 자음을 테두리에 장식하고 목걸이는 한복 천으로 제작했으며 나무 케이스는 한옥의 기와지붕을 형상화해 우리 고유

디자이너 이석우

홍익대학교 산업디자인과를 졸업하고 삼성전자 모바일사업부 제품 디자이너로 입사한 뒤 이듬해 미국으로 건너가 퓨즈 프로젝트를 거쳐 티그 디자인에서 IT 기기와 비행기 인테리어 프로덕트 디자인을 담당했다. 2008년 한국으로 돌아와 모토로라 글로벌 제품의 크리에이티브 리드를 맡아 활동하며 2009년 개인 스튜디오 SWBK(현 SWNA)를 설립했다. 2011년 가구 브랜드 매터앤매터를 론칭했으며 2018 평창동계올림픽 메달을 디자인해 대중적 인지도를 높였다. 2016년부터 현재까지 한국예술종합학교에서 겸임 교수로 강의하고 있다.
www.theswna.com

4

1, 3 성수동 코사이어티에서 열린 〈맥락 속의 오브제〉전. SWNA의 지난 10년을 되돌아보는 전시로 다양한 클라이언트를 위해 디자인한 제품과 오브제의 스케치 작업, 디자이너 각자의 이야기가 깃든 의자 디자인을 선보였다.
2 SWNA 사옥에 들어서면 가장 먼저 만나게 되는 빛의 쇼케이스. 빛이 투과되는 패브릭 셰이드가 시적인 풍경을 선사한다.
4 리빙 브랜드 자주JAJU에서 2020년 출시한 공기청정기.

의 DNA와 정신을 담았다는 평가를 받았다. 그는 애초 정제된 아이디어에서 시작하면 결과물도 뻔할 수밖에 없다고 강조한다. 머릿속에 있는 아이디어를 글로 써보고 그려보고, 또 다양한 물성으로 목업도 만들어보는 과정이 중요한 이유다. 실제 그의 사무실에는 미니어처부터 실사 크기의 목업이 가득하다(우산 손잡이는 스티로폼을 깎아 50개 버전을 만들고, 메달은 1년 6개월간 수정을 거듭했다). 벽면 곳곳에 세워진 패널에는 다양한 이미지와 제품 드로잉, 텍스트가 아카이빙되어 있다. 처음부터 3D 이미지로 돌려 디자인할 수도 있지만, 손으로 직접 드로잉하고 만들어보면 재료의 물리적 특성에서 또 다른 인사이트를 얻을 수 있다는 설명이다.

"단순한 일상을 유지하는 것 또한 다채로운 영감을 흡수하는 원동력이 돼요. 보통 별일 없으면 아침 6시에 일어나 물 한잔 마시고 강아지랑 산책하죠. 8시에 출근해서 오전 시간은 최대한 디자인 작업에 집중해요. 점심은 샐러드나 샌드위치로 간단히 해결하고 오후에는 팀 회의나 미팅 업무를 보죠. 퇴근 시간도 일정하게 유지하려고 노력해요."

기업의 성공 신화 뒤에는 빼어난 산업 디자인이 자리한다. 단순히 제품 형태를 디자인하는 것을 넘어 기업에 디자인 전략을 제시하는 것 역시 산업 디자이너의 몫이다. 제품 디자인에 필요한 지식 외에도 사람들이 무엇에 관심이 있고, 사회 분위기나 트렌드가 어떻게 변화하는지 관찰해야 한다. 당연히 환경문제에 대한 책임감도 요구된다.

"제품을 매스 프로덕트화하는 산업 디자이너에게 지속 가능성은 정반대의 딜레마이자 사회적 책임감을 느끼게 하는 화두죠. 디자이너로서 제품의 라이프 사이클을 최대한 길게 연장하려면 사용자가 원하는 기능과 서비스, 즉 본질이 무엇인지 꿰뚫어보려는 노력이 필요해요. 빛과 공기, 물처럼 삶에서 꼭 필요한 요소이면서 일상에 자연스럽게 스며드는 디자인으로 오래도록 남길 바랍니다."

작업실의 물리적 환경 중 가장 중요한 것은 탁 트인 공간 구성과 빛, 적정한 온도와 습도다. 노브랜드 가습기는 건조한 실내 공기를 개선해주는 제품이다. 간결한 원통형 디자인에 무드등 기능도 있어 책상 위에 두고 사용하기 좋다.

❝ 디자인을 하면서 제일 중요하게 생각하는 것은 제품이나 서비스에 대한 본질적 탐구예요. 비누는 비누다워야 하고, 바늘은 바늘다워야 한다는 것은 디자인에서도 변하지 않는 형태적 가치죠. 이는 노브랜드 철학과도 일맥상통하는 부분이에요. 선인들이 자신의 철학과 깨달음을 간결한 한 문장으로 정리한 것처럼, 형태를 다듬는 과정에서 더 뺄 수 있는 것을 찾으려고 노력하죠. 좋은 식재료가 가진 고유한 풍미를 살리기 위해 간을 담백하게 하듯 본연의 완성도가 높은 제품은 간결한 디자인적 요소만으로도 충분히 빛을 발하니까요. ❞

문승지

군더더기 없이 진짜만
남기는 미니멀 라이프

빠르게 변해가는 시대에 나다움을 유지하면서 온전한 나의 삶을 살고 싶다면
미니멀 라이프에 대해 생각해볼 필요가 있다. 지나침도 모자람도 없이 지금의 나에게 딱 맞는 적당함.
디자이너 문승지는 소비자와 생산자의 중간 지점에서 그 적당함에 대해 이야기한다.
'스토리즘storism'이라는 그만의 언어로.

가구 디자인에서 출발해 제품 설계, 공간 기획, 브랜딩까지 작업에 한계를 두지 않는 문승지 디자이너.
인터뷰를 진행한 공간은 한남동의 이건축연구소. 바다를 오염시키는 해양 플라스틱을 수거해 만든 스툴이 눈에 띈다.

1

'미니멀 라이프'라는 말을 유행처럼 사용한 지도 벌써 여러 해가 지났다. 하지만 진정한 의미에서 미니멀 라이프를 살아가는 사람이 몇이나 될까? 화이트를 기조로 한 깔끔한 공간, 의도적으로 여백을 연출한 인테리어, 이런 표면적 장치는 삶의 태도로서 미니멀 라이프와 거리가 있다. 여기서 중요한 건 미니멀이 아니라 라이프. 자본주의 시대에 소비욕과 소유욕에 얽매이지 않고 진정으로 자신이 원하는 바를 추구하는 주체적 삶의 양식이 미니멀 라이프 정신이다. 이 물건이 내게 필요한지 곰곰이 생각하다 보면 내가 무엇을 중요하게 여기는지, 나는 어떤 사람인지에 대한 근원적 물음에 닿게 된다. 문승지 디자이너가 일과 일상에서 효율성을 추구하는 것 역시 본질에 더 가까이 다가가기 위함이다.

"디자인을 할 때 어려운 형태로 설명하는 것이 아닌 하나의 스토리를 분명하게 전달하려고 해요. 본질을 흐리는 요소를 하나둘 빼다 보면 어느 순간 진짜만이 남는데 바로 그 핵심, 하고자 하는 이야기를 간결하게 보여주는 디자인을 '스토리즘'이라고 불러요. 아직 명확하게 개념이 잡힌 것은 아니지만 먼 훗날 되돌아봤을 때 하나의 개념으로 자리 잡길 바라며 사용하고 있습니다."

이런 그의 철학이 잘 담긴 프로젝트가 '인스밀 제주 카페'다. 야자수가 빼곡한 정원과 카페 안팎을 에워싸는 화산송이, 캘리포니아를 연상시키는 이국적 풍경은 제주도 토박이인 그가 작정하고 표현한 제주도의 민낯이다. 외지인이 표현하는 것과는 사뭇 다르다. 강원도 '월정사' 프로젝트에서는 세월의 흔적이 남아 있는 법당 마룻바닥을 벤치와 의자로 새롭게 탄생시켰으며, '플라스틱 디너' 프로젝트에서는 바다를 오염시키는 해양 플라스틱을 누룽지 만드는 원리를 응용해 업사이클링 가구로 제작했다. 최근 화성에 오픈한 로얄 엑스 갤러리의 공간과 전시 기획도 그의 손길을 거쳤다. 갤러리에 그의 대표작인 '브라더스 컬렉션'도 설치했다. '브라더스 컬렉션'은 국제적으로 통용되는 규격의 판재를 CNC 커팅하고 조립해 의자 3개와 조명등, 테이블을 만든 것으로 업사이클링이 가능하고 쓰레기를 만들어내지 않는다는 점에서 지속 가능한 디자인으로 주목받는다. 2012년에 '포 브라더스'를 디자인했을 때만 해도 환경문제를 심각하게 고민하지 않았던 그 역시 최근 기후변화와 환경문제가 이슈로 떠오르면서 더욱 진지한 마음으로 작업에 임하

디자이너 문승지

계원예술대학교에서 감성 경험 제품 디자인(현 리빙 디자인)을 공부했다. 친구들과 함께 졸업 전시 작품으로 선보인 '캣 터널 소파'가 해외 유명 매체에 소개된 것을 계기로 스웨덴 패션 브랜드 코스의 쇼룸을 위한 가구 '포 브라더스'를 디자인했다. 팀버랜드의 팝업 스토어, 레코드 쇼룸을 위한 가구, 서울시와 협업한 '김치의 새로운 모습' 등 가구 디자인을 기반으로 한 다양한 프로젝트를 진행했다. 최근에는 디자이너 매니지먼트 겸 코워킹 그룹 '팀바이럴스'를 만들어 가구는 물론 인테리어, 제품, 브랜드 아이덴티티 등 다양한 영역을 넘나들며 활동 중이다.
www.munseungji.com

1 합판 한 장으로 쓰레기 없이 의자 4개를 만드는 '포 브라더스' 체어. 2012년에 개발한 이후 다양한 버전의 '포 브라더스' 체어를 디자인했다. 현재는 합판 한 장으로 의자 3개와 테이블, 조명등을 만드는 '브라더스 컬렉션'으로 진화했다.
2 월정사 프로젝트의 일환인 난다나 찻집 레노베이션. 옛것과 새것이 조화를 이루게 하고, 자연과의 균형을 추구했다.

고 있다. 생산자와 소비자의 중간자적 입장에서 디자이너로서 쓰임새 있는 물건을 디자인하되 폐기물을 양산하지 않도록 이로운 설계를 하겠다는 것이 그의 다짐이다. 그런 그에게 요즘의 화두는 무엇일까?

"균형 잡힌 삶에 대해 생각해요. 지금은 프로젝트 단위로 일상을 쪼개어 살다 보니 제 삶이 굉장히 심플해요. 정해진 출퇴근 시간 없이 눈뜨면 디자인하러 가고, 잠들기 전까지 디자인에 대한 고민을 하죠. 또 10년째 자취 생활을 하는데 제 집이 아니다 보니 물건을 구입할 때도 소장 가치가 아닌 합리성을 따지는 편이에요. 비싸지 않으면서 기능에 충실하면 되고, 생활에 밀착된 제품일수록 눈에 띄지 않는 단순한 디자인을 선호하지요."

문승지 디자이너는 실제로도 노브랜드의 충성도 높은 고객이다. 특히 소형 가전과 문구류, 식품을 즐겨 구입한다. 지나침도 부족함도 없이 간결하고 기능적이며 제품을 비교하는 시간조차 필요하지 않을 정도로 합리적인 노브랜드는 자신처럼 삶의 한 '과정'에 있는 사람에게 시대를 잘 반영한 효율적인 브랜드라고 말한다.

콘셉트와 스토리에 집중했던 20대를 보내고 30대를 맞이한 문승지 디자이너는 보다 많은 사람들이 오랫동안 쓸 수 있는 견고한 가구를 만드는 디자이너가 되길 꿈꾼다. 올해 하반기에는 팀바이럴스 동료들과 함께 리빙 브랜드 론칭을 목표로 하는데 몇몇 가구는 샘플링을 마친 상태. 자신과 같은 1~2인 소형 가구 구성원들의 생활 패턴을 연구하고 그들의 니즈를 반영해 합리적인 가구와 리빙 소품을 제안할 계획이다. 특히 덴마크의 헤이, 무토처럼 밀레니얼 세대를 겨냥해 형태가 심플하면서도 손쉽게 변형할 수 있고 모듈화할 수 있는 가구를 개발 중인데 B2B 프로젝트 현장을 우선으로 아카이빙을 쌓으며 B2C까지 확장해나갈 예정이다.

문승지 디자이너의 싱글 라이프를 담은 미니 주방. 생활에 밀착된 제품은 단순한 디자인으로 공간에 스며들기를 원한다. 노브랜드 멀티 쿠커는 라면 끓이기는 물론 간단한 찜 요리가 가능해 1인 가구에서도 활용도가 높다.

❝ 평소 '효율'이라는 단어를 즐겨 사용해요. 일할 때도,
일상을 살아갈 때도 항상 효율성을 찾는 방법에 대해 고민하죠.
불필요한 곳에 시간을 낭비하지 않는 대신 그 시간만큼 온전히
나에 대해 고민하면서 자연스럽게 미니멀한 삶을 추구하게 되었어요.
물건을 고를 때도 군더더기 없이 지금 내게 필요한 기능의 제품을 선택하고,
디자인할 때는 직관적 사용을 위해 최대한 덜어내고
진짜만 남겨두려고 해요. 그리고 그 안에 담긴 스토리를 명확히
전달하는 것, 그게 제가 추구하는 '스토리즘'입니다. ❞

이상엽

스마트하고 유니크한
소비 경험의 가치

영화 〈트랜스포머〉에 등장한 노란색 스포츠카 범블비. 자동차가 로봇으로 변신한다는 이야기는
이제 영화 속 상상에만 그치지 않는다. 피닌파리나, GM, 폭스바겐 등 세계를 무대로 활동하다 2016년
현대자동차에 합류해 제네시스를 론칭한 디자이너 이상엽. 자율 주행과 빅데이터, 초고속 네트워크 등의 혁신
기술이 자동차와 만나 달라지는 스마트한 생활양식은 먼 미래가 아닌, 지금 우리의 이야기다.

고객의 다양한 라이프스타일을 충족하는 대중 브랜드 현대자동차와 한국적 럭셔리를 추구하는 제네시스, 로봇과 항공기체 등
미래 모빌리티 신사업의 디자인을 담당하는 이상엽 전무. 인터뷰를 진행한 제네시스 강남 전시장은 제네시스의 DNA인 대담함과
진보적이고 한국적인 요소를 담아낸 공간 디자인으로 호평받았다. 공간 디자인을 맡은 서을호 건축가는 콘크리트, 징크, 가죽 등
가공하지 않은 재료를 쓰고 다양한 각도의 거울을 배치함으로써 자동차 라인을 섬세하게 살펴볼 수 있도록 했다.

현대자동차와 제네시스의 디자인을 총괄하는 이상엽 전무에게 요즘 가장 중요한 화두는 '패러다임 시프트paradigm shift'다. 2006년 아이폰의 등장으로 기존 모바일폰 산업이 고객의 페르소나를 대변하는 스마트폰으로 이동하는 큰 변화를 겪은 것처럼 이제는 자동차 산업에서 모빌리티 산업으로 패러다임의 전환이 시작됐다. 따라서 날렵하고 멋진 외관에서부터 시작하는 전통적 자동차 디자인 공식과는 전혀 다른 콘셉트와 접근법이 요구된다. 가장 중요한 키워드는 '스페이스 이노베이션space innovation'.

　　"차량을 멋지게 디자인해 판매하고 고장 나면 고쳐주는 것이 그간 자동차 산업의 비즈니스 형태였다면, 이제는 판매 후 서비스가 더욱 중요해졌어요. 삶의 공간이자 일터, 휴식 등 단순한 이동 수단 이상의 다양한 라이프스타일을 담고 새로운 경험성을 제공하는 것이 바로 모빌리티 서비스의 키워드입니다."

　　'디자인을 통해 소비자에게 제품 이상의 가치와 경험을 제공한다'는 이상엽 전무의 디자인 철학은 제네시스에서 여실히 드러난다. 제네시스는 자동차 이전에 한국을 대표하는 럭셔리 브랜드라고 정의할 수 있다. 2015년 말 발표한 G90을 비롯해 G80과 G80 스포츠, G70, SUV 차량 GV80, GV70까지 모두 대한민국이 가진 독특한 캐릭터를 디자인 동력으로 삼아 우아한 곡선과 정적인 여백의 아름다움을 추구하면서도 동시에 젊고 역동적인 에너지를 품고 있다는 평가를 받는다.

　　"개인적으로도 디자인에서 미니멀리즘, 미니멀 라이프는 아주 중요한 콘셉트입니다. 저도 그렇지만 현대인은 너무나 많은 정보와 제품, 서비스, 기술의 홍수 속에 살고 있기 때문에 점점 미니멀한 루틴에서 안정을 찾게 되지요. 요즘 공간을 망라해 스마트폰까지 정리를 대신해주는 TV 프로그램이 인기잖아요. 미니멀 라이프의 의미는 모든 것을 포기하고 버리는 것이 아닌, '정리'에 있다고 생각해요. 고객에게 필요한 제품과 서비스를 언제나 빠르고 손쉽게 제공하며, 그 과정은 직관적이어야 하죠. 제네시스의 히든 스페이스(차내 수납공간)처럼 필요 없거나 해당되지 않는 것은 눈에 보이지 않게, 필요할 때만 나타날 수 있게 하는 솔루션이 중요합니다."

　　'편리미엄' 트렌드와 마찬가지로 모빌리티 디자인에도 '성가시지 않은(hassle-free), 스트레스 없는(stress-free)'이 중요한 덕목이 된다는 것. 제네시스가 추구하는 공

디자이너 이상엽

홍익대학교에서 조소를 공부한 뒤 미국으로 건너가 캘리포니아주 아트 센터 디자인 대학(Art Center College of Design) 자동차디자인학과를 우등으로 졸업했다. 피닌파리나와 포르쉐 디자인 센터를 거쳐 1999년 GM에 선임 디자이너로 입사해 쉐보레 카마로와 콜벳 스팅레이 등 콘셉트카 디자인을 맡았다. 2010년 폭스바겐 미국 디자인 센터 수석 디자이너로 옮겨가 그룹 내 아우디, 포르쉐, 람보르기니, 스코다 등 다양한 브랜드의 선행 디자인을 이끌었으며 벤틀리에서 외장 및 선행 디자인 총괄을 맡았다. 2016년 현대자동차디자인센터 상무로 합류해 현재 현대디자인담당으로 현대자동차와 제네시스 전 차종의 디자인을 총괄한다.

1, 3, 4 제네시스의 지속 가능한 미래 전기차의 디자인 방향성을 제시하는 제네시스 X 이미지. 전기차 기반 고성능 GT 콘셉트카로 제네시스를 상징하는 핵심 디자인 요소인 '두 줄'을 극대화한 것이다.
2 언제 어디서든 콘셉트를 설명하거나 그림을 그릴 수 있도록 드로잉북과 펜을 챙겨 다닌다.
5 최근 출시한 전기차 아이오닉5. 넉넉한 실내 공간으로 새로운 가치와 경험을 선사하는 순수 전기차다. 1974년 출시한 포니를 재해석한 디자인으로 화제를 모았다. 한국 최초의 완성차인 포니를 오마주했다는 것만으로도 자동차 디자이너로서 의미가 큰 프로젝트다.

간 디자인 콘셉트인 '여백의 미'와 정확히 맞아떨어지는 개념이다.

"한편 대한민국은 다양성이 존재하는 역동적인 나라입니다. 저희 디자인팀에서는 제네시스 로고 아래에 '서울Seoul'을 새기는 상상을 하곤 해요. 럭셔리한 소비문화와 대중적 소비 경험이 조화롭게 공존하는 도시, 스타 셰프가 요리하는 미슐랭 레스토랑 바로 옆 건물에서 떡볶이와 어묵을 먹으며 소주 한잔할 수 있고, 고즈넉한 정취를 지닌 한옥과 힙하고 모던한 건축물이 길 하나를 사이에 두고 나란히 서 있죠. 한국적 여백의 미를 강조한 미니멀한 실내 디자인에 최첨단 기술과 5G 등 초연결 서비스를 접목하고, 장인 정신을 살린 공예품과 같은 마감과 디테일, 지속 가능한 소재를 더한다면, '한국' 하면 '제네시스'가 떠오르고 '제네시스' 하면 '서울'이 떠오르지 않을까요?"

이상엽 전무는 집과 오피스에 구현할 수 있는 기술을 자동차에도 충분히 적용할 수 있다는 설명도 덧붙였다. 기술이 발전할수록 주거 방식은 더욱 스마트해진다. 가장 큰 변화는 집과 차라는 물리적 개념의 경계가 사라진다는 것. 자동차는 더 이상 전방을 향하고 있는, 4개의 의자와 운전대가 있는 이동 수단이 아닌 생활 공간 그 자체요, 이제 차 안에서 음식은 물론 TV와 영화 등의 콘텐츠를 즐길 수 있고 업무를 볼 수도 있다. 강릉 앞바다, 별이 쏟아지는 천문대 어디든 목적지를 설정해놓고 잠이 들면 자율 주행으로 이동할 수 있고 차박도 생활화된다. 반드시 비싼 땅에 큰 아파트를 구입해야만 누릴 수 있었던 가치가 희석되며 생활 반경은 점점 더 넓어진다. 이런 라이프스타일은 젠지Gen-Z 세대에 더욱 빠르게 흡수될 하나의 사회현상이다.

"노브랜드는 주위에 얼마나 큰 대형 마트가 있느냐보다는 '편세권', '슬세권'이 훨씬 더 중요해지는 이 시대를 잘 꿰뚫어보고 적절한 장소에서 영역을 키워나가는 브랜드예요. 너무나 많은 선택지와 가격표가 즐비한 일반 대형 마트와 '버틀러'처럼 내게 필요한 제품을 엄선해 커스터마이징하고 추천해주는 온라인 식품 전문 배달 서비스 그 사이 어딘가를 정확히 잘 파고들었다고 생각해요. 고객이 선택지를 일일이 비교하고 따져봐야 하는 번거로움은 줄이고, 품질에 대한 신뢰를 구축하면서도 가격은 합리적이니까요."

실내 공간 디자인을 통해 바쁜 현대인에게 여백이 있는 삶을 선사하고 싶다는 디자이너의 철학이 전해지는 제네시스 GV80의 인테리어. 이상엽 전무는 회의나 미팅을 위해 남양연구소, 양재동 본사까지 이동할 때가 많아 차 안에 간단한 간식과 커피 등의 음료를 챙겨둔다.

" 럭셔리는 경험의 영역입니다. 고객은 자신이 몰입하고 공감할 수 있는 특별한 경험에 돈을 지불하죠. 노브랜드는 '스마트 컨슈머'라는 아이덴티티를 가지고 있습니다. 노브랜드를 경험하고 소비함으로써 고객이 자신을 스마트하고 합리적이며 의식이 있는 소비자라고 느낀다면 그것이 다른 브랜드와 차별되는 대체 불가능하고 유니크한 소비 경험의 가치가 된다고 생각해요. 현대자동차, 제네시스가 끊임없이 고민하는 '제품 자체 그 이상의 가치를 담는다'는 것과도 일맥상통하네요. '노브랜드를 소비한다는 것'이 이미 그 자체로 의미를 지니게 되니까 말이죠. **"**

노브랜드 사업부 상무

송만준

상품에서 가장 필요한 것은
브랜드가 아닌 최적의 품질

노브랜드는 모든 불필요한 비용을 줄이는 데 집중한다. 상품 기획의 중심에 있는 송만준 상무는
가격을 낮추는 일보다 중요한 것은 노브랜드의 기준에 맞는 최저가를 실현하고, 팀워크를 바탕으로
브랜드의 기본 철학을 흔들림 없이 소신 있게 지켜나가는 것이라고 말한다.

노브랜드는 저가형 전략에 성공한 브랜드인데, 상품 가격을 낮추는 일이 쉽지는 않았을 것 같아요.

초기에 시장조사를 진행하면서, 노브랜드가 내셔널 브랜드(NB) 가격대비 경쟁력을 가지려면 어느정도 수준으로 설정해야할지 많은 논의가 있었습니다. 옷이나 생활 소품 등은 목표 가격을 맞출 수 있을 것 같은데, 가장 어려운 품목이 식품이었어요. 약 1년간 중소기업부터 해외 파트너사까지 좋은 상품이 있는 곳이라면 국내외 어디든 찾아갔습니다. 이미 개발한 상품의 경우도 수차례 테스트와 검증을 반복해 불필요한 것은 없애고, 최적의 소재와 제조 방법을 찾아 낮은 가격대로 만들어낸 것이 바로 노브랜드 상품입니다.

그런 과정을 거쳐 첫선을 보인 것이 오리지널 감자칩이죠?

감자칩은 말레이시아의 대표적 스낵 제조업체인 킬랑 마카난 마미Kilang Makanan Mamee사에서 만든 제품입니다. 프링글스의 국내 유통가가 2700~2900원 선인 데 반해 노브랜드 오리지널 감자칩은 890원이에요. 물론 수입 제품이라 가격 면에서 핸디캡이 있지만 3분의 1 가격으로 동일한 수준의 품질을 즐길 수 있으니 소비자가 먼저 알아본 거죠.

노브랜드 제품을 한마디로 정의한다면요?

가성비를 얘기하는 사람도 있지만, 저는 품질과 맛이라고 생각합니다. 품질과 맛은 객관적으로 NB 제품과 거의 차이가 없어야 해요. 일정 수준을 반드시 유지해야 하죠. 이 조건을 충족한 후에 가성비가 얼마인지 따져봐야 하는 거예요. 노브랜드 기준에 맞는 최저가를 실현하는 것이 가장 중요합니다.

품질이나 맛에 대한 평가는 개인 차가 있을 텐데요, 제품 선정 기준이 궁금합니다.

매주 한 번씩 내부 상품 컨벤션을 진행합니다. 한 번에 20~30개 정도니, 한 달이면 100여 개나 되죠. 그중 선택되는 건 10%도 안 돼요. 대여섯 번 도전해도 탈락하는 경우가 많고요. 가격과 품질, 맛 이 세 가지를 만족시키는 것은 결코 쉬운 일이 아니에요. 가장 중요한 것은 상품의 속성과 요소를 종합적이고 객관적으로 판단해야 하는 부분입니다. 품질과 맛 이외에도 가성비의 변화, 단량의 합리성, 차별화 요소, 아이템 수의 적정성 등 10대 항목을 중심으로 상품을 버전 업시키고 있습니다. 노브랜드는 가치 소비를 추구하는 브랜드입니다. 이 명제를 통과하는 제품만 노브랜드 이름을 달 수 있어요.

앞서 말한 세 가지 조건을 충족하기 위한 노브랜드만의 해법은 무엇인가요?

모든 유통사의 고민은 품질 좋은 상품을 저렴하게 파는 것이라고 생각합니다. 사실 품질과 가격은 비례해요. 좋은 상품을 싸게 팔기 위해 수익 구조도 심도 있게 살펴봤어요. 그렇게 해서 얻은 결론은 세부적인 실행 전략을 세움으로써 제반 비용을 낮춰 보다 효율적으로 운영해보자는 것이었어요. 기존 슈퍼마켓과는 완전히 다른 매장 구성과 운영 전략, 노브랜드의 철학과 함께할 수 있는 국내외 파트너사 발굴, 광고 및 홍보 배제 등도 이에 해당하죠.

가격 외에 노브랜드 제품의 특별함이 있다면요?

상품마다 차별화 요소를 둡니다. 맛, 향, 소리, 냄새 등 오감을 미학적 개념으로 접근하되 플러스 알파를 합니다. 돼지고기, 치즈, 어육 등 주요 성분의 함량을 80% 이상으로 맞춰요. 최근에는 90% 이상인 제품도 증가하는 추세예요. 여기에 저당, 저염, 무항생제, 천연 색소, 감도, 색상, 디자인 등의 차별화 요소를 추가하는 거예요. 차별화되지 않는 상품은 대부분 소비자에게 선택받지 못해 1년을 넘기지 못합니다.

노브랜드가 성공한 요인 중 하나는 빠른 의사 결정에 있다고 들었습니다.

빠른 의사 결정만이 노브랜드의 성공 요인은 아니에요. 하나의 요소일 뿐입니다. 그럼에도 빠른 의사 결정을 중시하는 이유는 바로 현대사회가 속도전이기 때문이죠. 저의 경우 오전에 보고받은 내용은 당일 오후에 결정해요. 정말 신중해야 할 때도 그다음 날엔 결정을 내리죠. 국내 제작 상품의 경우 6개월이면 경쟁 브랜드에서도 비슷한 제품을 만들 수 있어요. 모든 의사 결정 단계를 축소하고, 협업 부서 간 빠른 의사소통을 통해 상품 개발 속도를 높이는 것도 그런 이유에서죠.

빠른 의사 결정의 함정도 있을 텐데요.

우선 직원들의 의견을 많이 들어요. 직관이나 경험으로 판단할 때도 많지만 객관적 데이터를 기반으로 결정하려고 노력합니다. 제조업 전문 회사가 상품 개발에 1~3년 소요된다면, 노브랜드는 상품 개발부터 출시까지 식품의 경우 평균 8개월, 비식품은 4개월 정도 걸려요. 트렌드를 선도하는 상품을 만들기 위해선 빠른 의사 결정에 대한 위험 부담도 떠안아야합니다.

적극적으로 마케팅을 펼쳤다면 어떻게 달라졌을까요?

매출이 지금보다 30~40% 증가했을 겁니다. 그렇게 단기간에 성장할 수 있겠지만 중·장기적으로는 역효과가 났을 거예요. 노브랜드의 가장 중요한 목표 중 하나는 LCO(Low Cost Operation)를 구현하는 것입니다. 마케팅 역시 LCO에 맞춰 운영하고 있어요. 마케팅 비용을 절약해 상품 가격을 낮추고, 이는 곧 소비자에게 혜택으로 돌아갑니다. 노브랜드는 고객이 자발적으로 SNS나 블로그를 통해 홍보하기 시작했어요. 이것이 노브랜드가 '소비자가 만든 브랜드'라는 자부심을 갖는 가장 큰 이유이기도 합니다.

매장 구성 역시 기존 슈퍼마켓과 다릅니다.

노브랜드는 기존 슈퍼마켓과 운영 방식, 구성이 모두 달라요. 기존 슈퍼마켓은 보통 식료품 위주로 구성하지만, 노브랜드는 식품과 비식품 비율을 6:4 수준으로 운영하고 있어요.

상품군이 다양한 것은 장점이지만, 1 SKU(Stock Keeping Unit) 정책에 맞춰 품목당 종류가 한두 가지로 국한되기 때문에 선택의 폭이 좁다는 의견도 있는데요.

다른 슈퍼마켓은 12명 정도 인원을 배치하는 데 반해 노브랜드는 평균 6명의 직원으로 운영합니다. 기존 슈퍼마켓처럼 품목당 상품 수를 늘리면 인력이 두 배 이상 필요하죠. 핵심 아이템만 선별해 불필요한 상품으로 구색을 갖추느라 발생하는 각종 비용을 줄임으로써 매장을 좀 더 효율적으로 운영할 수 있어요. 이러한 효율적 매장 운영은 가성비 높은 상품이 지속적으로 출시될 수 있는 선순환 구조의 근간이 됩니다.

언택트 시대에 노브랜드는 오프라인 매장임에도 오히려 성장세를 기록 중입니다.

노브랜드는 일반 슈퍼마켓 보다 가성비 차원에서 매우 저렴합니다. 노브랜드의 중요한 콘셉트인 절대 가격, 남들이 결코 따라올 수 없는 가격의 제품이 상대적으로 많죠. 다른 회사 제품보다 비싼 아이템은 판매를 중단해요. 이렇게 해서 연간 300여 개 제품이 매장에서 사라지죠. 현대사회는 가격 경쟁력을 갖춘 질 좋은 상품이 소비자의 마음을 움직이는 시대예요. '브랜드가 아니다. 소비자다' 이것이 노브랜드의 슬로건입니다. 가장 중요한 것은 이러한 철학을 끝까지 유지하는 거예요. 어떤 상황에서도 흔들리지 않고 5년 동안 지켜온 것처럼 말이죠.

이러한 정책을 지킬 수 있는 비결은 무엇입니까?

저를 포함해 바이어 모두가 한마음으로 팀워크와 소신, 철학을 끝까지 주장했고 회사도 그걸 믿고 인정해준 덕분이죠. 최고경영자의 신뢰가 오늘의 노브랜드를 있게 한 결정적 요인입니다.

> 가성비를 얘기하는 사람도 있지만, 저는 품질과 맛이라고 생각합니다. 품질과 맛은 객관적으로 NB 제품과 거의 차이가 없어야 해요. 일정 수준을 반드시 유지해야 하죠. 이 조건을 충족한 후에 가성비가 얼마인지 따져봐야 하는 거예요. 노브랜드 기준에 맞는 최저가를 실현하는 것이 가장 중요합니다.

#노브랜드 #사용설명서

해시태그와 고유의 넘버링, 매장에서 들려오는 새소리, 가격표에 숨겨진 진실까지,
알고 가면 더 재밌는 노브랜드의 숨겨진 스토리.

N01

너는 누구냐?
#N007!

노브랜드의 모든 상품에는 #해시태그를 넣어 상품의 속성과 특징을 쉽고 감각적으로 이해할 수 있도록 했다. 또 모든 제품에 N00, B00 같은 넘버링이 표시되어 있다. 상품의 고유성과 독창성을 부여하기 위해 각 제품별로 고유 번호를 표시함으로써 번호만으로도 기억되는 상품을 만들고자 한 숨은 전략이다. 식품 카테고리는 알파벳 N으로 시작해서 'N○○'으로 표기하고 비식품 카테고리는 알파벳 B로 시작해서 'B○○'으로 표기한다. 참고로 오리지널 감자칩 넘버는 N01이다.

N02

노브랜드 매장에는
노브랜드만 있다?

노브랜드 매장에 가면 노브랜드 외에도 다른 브랜드명을 종종 볼 수 있다. GB(Generic Brand) 카테고리로 제조사와 협력해 만든 노브랜드만의 차별화된 브랜드다. 대표적인 GB 상품으로는 조미료(sauces & spices), 과자(snack box), 냉장 식품(real meal), 건조 식품(dried food), 커피 & 차(taste feel) 등이 있으며 노브랜드 전문점에서 구매할 수 있다.

N03

가격표에
숨겨진 암호

노브랜드 상품의 가격은 ~80원, ~800원 단위로 책정되어 있다. 이러한 가격 정책은 상품의 끝자리 가격을 통일함으로써 고객에게 일관된 가격 메시지를 전달하고자 한 것이다. 또 가격 끝자리가 ~40원, ~400원인 상품을 가끔 보는데 이것은 운영 종료 예정 상품을 의미한다. 가격 표시만으로도 상품 운영 여부에 대해 내부적으로 커뮤니케이션이 가능하도록 해 업무 효율을 높이고 비용을 줄여 최저 가격의 상품을 만들고자 하는 디테일한 노력이 담겨 있다.

N04

노브랜드에 가면
새소리가 들린다

노브랜드 매장에 들어서면 무의식적으로 기분을 업시키는 BGM이 들린다. 고객이 잠시나마 도심에서 벗어나 숲속에 온 듯한 기분을 느끼도록 하기 위해 노브랜드가 자체적으로 작곡한 음악으로 새소리를 비롯해 다양한 자연의 소리를 담았다. 새소리는 노브랜드의 심벌마크인 종달새의 지저귐을 표현한 것. 매장의 BGM에 귀 기울여 잠시나마 힐링의 시간을 가져보시길!

N05

노브랜드의 성공 뒤에는
더 많은 실패가 있었다

노브랜드 점포를 오픈하기 전인 2015년, 노브랜드 사업의 방향성과 철학을 재설정하는 과정에서 2014년부터 출시한 100여 가지 노브랜드 제품을 모두 판매 중단했다. 기존에 출시한 제품에는 앞으로 노브랜드가 추구하고자 하는 철학이 온전히 담겨 있지 않다는 판단 때문이었다. 이후 약 1년의 시간 동안 20여 명의 바이어가 상품 개발에만 총력을 다한 결과 비로소 2016년 8월 약 700개의 신상품으로 1호점을 오픈했다.

N06

노브랜드에서는
자전거도 팔았다?

2016년 8월 노브랜드 1호점에서는 상품에 대한 새로운 관점을 가지고 다양한 상품을 선보였다. 노브랜드 자전거, 노브랜드 지갑, 노브랜드 백팩, 노브랜드 손목시계 등 노브랜드의 차별성을 표현하고자 심벌symbol 상품을 개발해 출시한 것. 비록 큰 인기를 얻지는 못했지만, 이와 같은 다양한 상품군에 대한 개발 경험은 이후 고객에게 꼭 필요한 상품을 제안하고 개발하는 데 밑거름이 되었다.

N07

부지런한 새는
늦게 열고 일찍 닫는다

일반적인 SSM(슈퍼마켓)은 오전에 일찍 문을 열고 밤늦게까지 영업하는 경우가 많다. 노브랜드는 보통 오전 10~11시에 오픈해 밤 9~10시에 폐점한다. 이는 고객이 집중적으로 방문하는 시간에 매장을 효과적으로 운영함으로써 긴 영업시간으로 인해 발생하는 비용을 줄이고, 여기서 줄인 비용을 최대한 가격을 낮추는 데 반영해 가성비 높은 상품을 제공하겠다는 노브랜드의 주요한 전략이다.

N08

목요일과 주말을
공략하라!

노브랜드 전문점은 2주마다 행사 상품을 변경한다. 보통 둘째·넷째 주 목요일에 새로운 행사 상품을 선보이는데, 신선 식품부터 생활용품까지 다양한 브랜드 상품을 파격적인 가격으로 판매한다. 또 주말에는 주말 한정으로 주말 행사를 진행해 주말에 매장을 이용하는 고객에게 추가적인 혜택을 주기도 한다. 행사 상품이 바뀌는 목요일이나 주말에 매장을 방문해 새로운 상품을 득템하는 기회를 잡아보시길.

N09

싼 게 비지떡이라고?

노브랜드 상품이 저렴하다 보니 품질도 낮다는 오해가 더러 있다. 사실 노브랜드는 가격을 낮추기 위한 여러 가지 전략과 더불어 일정 이상 품질을 확보하기 위해서 많은 노력과 에너지를 쏟고 있다. 한 제품의 사용 경험이 노브랜드 전체의 이미지에 영향을 주기 때문에 첫째도 품질, 둘째도 품질 원칙을 고수하는 것. 일례로 프라이팬의 가장 중요한 요소는 열을 바닥 전체에 고르게 전달하고, 조리 중 일정한 온도를 유지하는 것이다. 이를 위해서는 열전도율이 좋은 비싼 소재를 사용하거나 같은 소재라면 바닥 두께가 두꺼운 것이 좋다. 바닥이 두꺼우면 그만큼 품고 있는 열이 많아 온도가 느리게 떨어지고 음식이 고르게 조리되기 때문이다. 노브랜드의 프라이팬, 스테인리스 냄비는 적정 두께를 유지하기 위해 높은 비용을 투자한다. 펫 푸드 제품인 마푸 사료는 사람이 먹지 못하는 저가의 식재료 대신 100% 사람이 먹을 수 있는 식품 등급의 원료만을 사용하고 닭고기와 완두콩 등 차별화된 식재료로 깨끗한 HACCP 인증을 받은 공장에서 제조한다. 나와 가족의 건강을 넘어 지속 가능한 지구를 위해 노브랜드의 스마트하고 착한 소비에 동참해보자.

N10

노브랜드의 이념과 철학은
'저작권'이 있다

노브랜드 상품이나 매장에서는 노브랜드의 기본 로고(종달새) 외에 "최적의 소재와 제조 방법을 찾아 가장 최저의 가격대를 만드는 것", "이것이 노브랜드의 이념과 철학", "당신이 스마트 컨슈머가 되는 길" 같은 슬로건을 볼 수 있다. 이러한 슬로건은 노브랜드의 핵심 가치를 나타내는 '선언문'과 같은 의미로 해당 문구를 저작권으로 등록했다. 노브랜드의 로고 또한 다양한 여섯 가지 형태로(노브랜드 버거 포함), 국내에 상표권을 출원하거나 등록한 상태다. 나아가 노브랜드의 가장 핵심적인 두 가지 로고(최초 개발한 스마일 로고 결합형과 현재 사용 중인 종달새 로고 결합형)는 국내뿐만 아니라 베트남, 몽골(일부 등록: 홍콩, 캄보디아, 라오스, 미얀마, 필리핀, 중국, 영국, 싱가포르, 태국, 일본, 말레이시아, 호주, 뉴질랜드, 대만, 미국) 등 전 세계 17개국에 서로 다른 다양한 상품군에 대한 상표권을 출원해 심사 중이거나 등록받은 상태다. 가성비를 넘어 '소비자주의' 브랜드라는 노브랜드의 정신을 세계에 알리는 것은 물론 스스로 소중히 지키겠다는 의지가 엿보이는 대목이다.

숫자로 보는 노브랜드

전체 판매 제품 수부터 NB와의 가격 비교까지 노브랜드 성장의 비밀은 숫자를 통해 선명하게 드러난다.

협력사 수

2020년 기준

국내 협력사 중 중소기업 수

422

해외 협력사 수

200

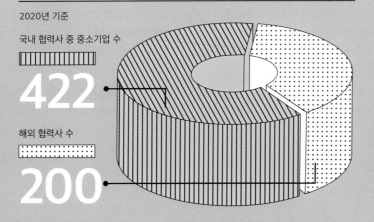

최단 시간 완판 기록 상품은?

ONLY
3 WEEKS

초코칩 쿠키

97,000개

고가 제품 VS 저가 제품

노브랜드 TV 43인치

329,000원

VS

노브랜드 미네랄워터 500mL

160원

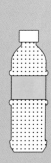

노브랜드 제품 구매 고객 수

2016년 8월~2020년 12월 기준

124,360,000명

노브랜드 제품 중 가장 많은 판매량을 자랑하는 제품은?

물티슈 100매 제품, 가로 18cm, 낱장 배열, 2016~2020년 기준

물티슈

536,500 km

지구를 약 13바퀴(지구 한 바퀴 42,000km) 도는 것과 같은 길이

노브랜드 제품 판매 가짓수(SKU)

2020년 12월 기준

리빙용품
153

음료 & 주류
85

일상용품
85

신선 식품
57

뷰티 케어
217

드라이 푸드
30

주방 용품
135

냉동·냉장식품
204

패션 & 레포츠
122

조미료 & 대용식
153

가전 & 완구
82

과자 & 커피
171

Total
1,494

인기 상품 순위 베스트 10

2020년 전문점 매출 기준

1 노브랜드 닭꼬치 3종

2 노브랜드 굿밀크 1L

3 노브랜드 미네랄워터 2L

4 노브랜드 칠리새우 400g

5 노브랜드 자색 고구마칩 110g

6 노브랜드 군밤 200g

7 노브랜드 방역용 마스크 KF94

8 노브랜드 물티슈 캡형 100매

9 노브랜드 JUST 3겹 화장지

10 노브랜드 TV

국가별 PB 성장세

출처: 〈노브랜드 시대의 브랜드 전략〉(김병규 지음, 미래의 창)

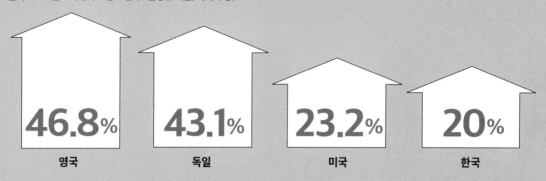

46.8% 영국 **43.1%** 독일 **23.2%** 미국 **20%** 한국

글로벌 하드 디스카운트 스토어 성장 추이

단위: 억 달러, 출처: 이마트

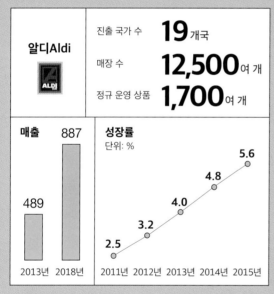

알디Aldi

진출 국가 수	**19** 개국
매장 수	**12,500** 여 개
정규 운영 상품	**1,700** 여 개

매출 887 / 489 / 2013년 / 2018년

성장률 단위: % / 2.5 3.2 4.0 4.8 5.6 / 2011년 2012년 2013년 2014년 2015년

리들Lidl

진출 국가 수	**29** 개국
매장 수	**11,200** 여 개
정규 운영 상품	**4,000** 여 개

매출 812 / 570 / 2013년 / 2018년

성장률 단위: % / 2.5 2.7 3.1 3.5 4.4 / 2011년 2012년 2013년 2014년 2015년

노브랜드 상품 개수

2016년 **800** 여 개

2017년 **1,000** 여 개

2018년 **1,300** 여 개

2019년 **1,400** 여 개

2020년 **1,500** 여 개

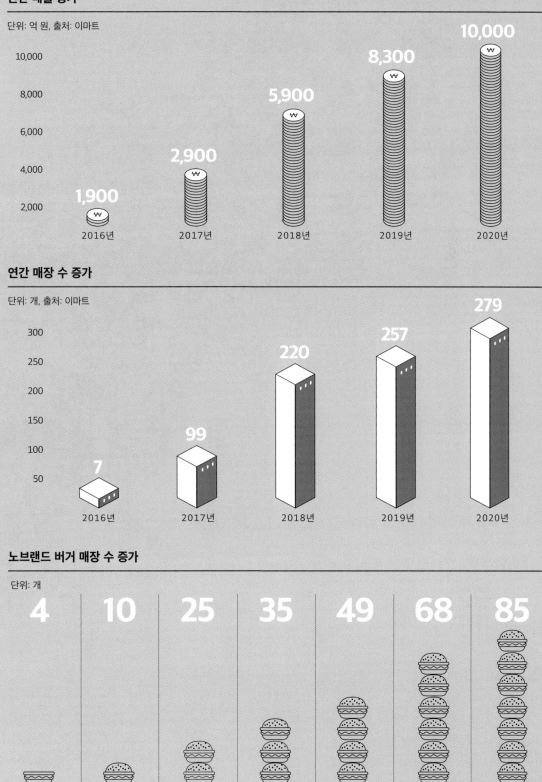

연간 매출 증가

단위: 억 원, 출처: 이마트

10,000

8,000

6,000

4,000

2,000

1,900
2016년

2,900
2017년

5,900
2018년

8,300
2019년

10,000
2020년

연간 매장 수 증가

단위: 개, 출처: 이마트

300

250

200

150

100

50

7
2016년

99
2017년

220
2018년

257
2019년

279
2020년

노브랜드 버거 매장 수 증가

단위: 개

4
2019.9

10
2019.12

25
2020.3

35
2020.6

49
2020.9

68
2020.12

85
2021.3

단순하고 쉽게 일하는 노브랜드 워크 스타일

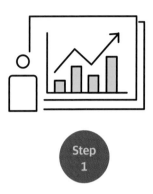

Step 1

마켓 분석 & 개발 상품 선정

시장조사와 트렌드 분석을 통해, 또는
온·오프라인에서 소비자가 원하는 상품군을
발견하면 담당 바이어는 '과연 이 제품이
노브랜드에 필요한가'를 판단해 아이템을
선정한다. 국내 시장을 중심으로 비슷한 타 브랜드
제품이 있는지 파악하고 시장 상황과 매출 규모,
트렌드, 소비자 반응 등을 확인한다. 그리고
가성비와 동시에 매출이 보장될 수 있는지 따져본
후 개발 상품을 선정한다.

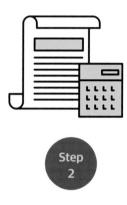

Step 2

상품 분석 및 스펙 결정

상품을 선정한 후에는 상품의 본질적 기능과
불필요한 요소의 유무, 사용자들의 불편 사항 등을
파악해 상품 스펙을 결정한다. 1 아이템 1 SKU
정책에 맞춰 개발 단계부터 선택과 집중을 통해
기능과 본질에 충실한 상품을 구상한다.

지금의 노브랜드를 만든 토대는 품질이 보증된 적정 가격대의 제품을 기획, 개발하는 능력에 있다. '저비용(Low cost)' 원칙에 따라 경쟁력 있는 제조사를 발굴하며 빠른 의사 결정으로 생활에 꼭 필요한 제품을 적재적시에 출시하는 제품 전략. 대기업에 속한 스타트업이라 불리며 독립적인 조직 문화를 구축한 노브랜드는 일하는 방식도 남다르다.

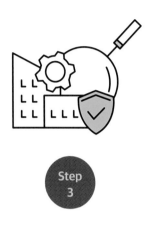

Step 3

국내 제조사 선정 및 검증, 심사

원하는 수준의 제품 생산을 위해선 노브랜드의 품질 기준을 충족하는 협력사를 찾는 것이 가장 중요하다. 생산 능력과 단가를 맞출 수 있는지는 이후에 고려할 부분이다. 아이템별 제조 노하우와 높은 품질관리 능력을 갖춘 국내 제조사 2~3곳을 섭외해 샘플을 제작한다. 담당 바이어가 제조 현장을 찾아가 생산 환경을 확인한 후 노브랜드 기준에 가장 적합한 한 곳을 결정하면, 내부 품질관리팀이 제조사를 방문해 위생과 안전성 등을 심사해 유형별 등급을 매긴다. 이후 3차 검증으로 SGS/BSI 등 품질 전문 공인 기관에서 제조사를 방문해 생산 환경과 품질관리 수준 등을 관련 법규에 의거해 심사한다.

해외 생산 및 소싱

노브랜드 제품 중 일부는 해외에서 생산한다. 초콜릿, 과자, 냉동식품, 가전 등 해외 생산 제품의 경우 원재료가 풍부하고 관련 분야의 기술력이 뛰어나 오랫동안 글로벌 기업의 제품을 생산해온 업체와 협력한다. 해외 제조사의 경우 주재원을 두고 생산 라인을 살피며 수입 전후 내부 품질관리팀과 외부 공인 기관을 통해 완제품 검사가 이뤄진다. 발 빠르게 글로벌 트렌드를 제품에 적용하고자 국내외 제품 박람회, 컨벤션 등에 참여해 제품력이 뛰어난 해외 소싱업체를 발굴하는 것도 중요한 업무 중 하나다.

Step 4

제품 가격 결정

최종 샘플 선정 후 생산 원가와 유통 중 발생하는 부수적 비용을 더하고, 용량과 패키지를 결정해 제품 가격을 책정한다. 이미 시중에 판매하는 제품과 비교해 소비자에게 가격적으로 혜택이 없는 상품이라 판단하면 상품 개발을 중단한다.

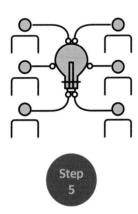

Step 5

사내 컨벤션을 통한 품평 & 제조 방법 결정

노브랜드에서는 일주일에 한 번씩 사내 컨벤션을
연다. 각 바이어가 기획한 신제품을 다양한 시각과
취향을 가진 임직원들이 평가하는 자리다. 식품의
경우 현재 판매되는 대표 제품과 비교하며 소비자
관점에서 의견을 나누고, 블라인드 테스트 등을
거쳐 맛과 식감 등 개선할 부분을 찾는다. 일반
상품 역시 NB 제품과 비교해 품질, 실용성과
편의성 등을 관찰한다. 컨벤션은 공정하고
까다롭게 진행해 보통 여러 번 수정을 거듭하며,
탈락할 경우 다음 컨벤션에 도전한다. 이런 과정을
통해 제품의 퀄리티를 높이고 불필요한 기능, 포장
등을 제외시키며 제조 방법을 결정한다.

빠른 의사 결정
컨벤션에서 좋은 평가를 받은 제품은 하루 이틀 안에 개발
여부가 확정된다. 노브랜드의 상품 개발은 기획부터 출시까지
평균 6개월 정도 걸린다. 기업 특유의 단계별 보고와 결재
시스템도 없고, 불필요한 페이퍼 작업 없이 구두로 보고한다.
부서 간 합의나 검토가 필요한 부분 역시 최대한 간소화해
상품 개발 시간을 단축한다.

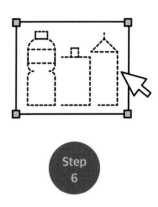

Step 6

시제품 생산 & 패키지 디자인

최종적으로 시제품을 생산하며 생산 공정의
적합성과 제품 안전성, 성능 등에 문제점이 없는지
확인한다. 담당 바이어와 제조사, 디자이너가 함께
판매 포인트를 분석해 패키지 디자인을 완성하고,
법적 표기 사항 및 노브랜드 제품 번호 부여,
해시태그 문구 등을 결정해 판매 제품과 동일한
상태로 제작해 최종 확인한다.

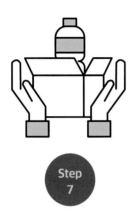

Step 7

상품 생산 & 론칭

노브랜드 신제품을 처음 생산하기까지 협력사와 여러 실험을 거쳐 생산 효율성을 높이고, 원재료의 손실분을 줄이면서도 한 번에 많은 양을 만들어 상품 가격을 낮춘다. 첫 생산 시 담당 바이어와 품질관리팀이 협력사를 찾아가 계획한 방식대로 제품 생산이 이루어지는지 확인한다. 완성된 제품은 전국 노브랜드 스토어, 이마트 매장에 진열한다.

Step 8

상품 평가

제품 판매가 시작된 이후에도 소비자들의 피드백을 제품에 반영하고자 상품 판매 후 3개월 동안 지속적으로 모니터링하며 고객의 반응을 분석한다. 개선 사항이 있는 경우 생산을 중단해 제품을 수정하고, 고객에게 호응을 얻지 못한 제품은 재평가 후 제품을 수정하거나 판매를 중단시킨다. 이렇게 해서 매년 매장에서 사라지는 제품이 300여 개에 이른다.

팬데믹이
바꾼 전통적
소비 습관

글 박상현
코드 미디어 디렉터. 현재 미국 페이스Pace 대학교 방문 연구원, 씨로켓 리서치랩 특파원으로 활동 중이다. 뉴미디어 스타트업을 발굴, 투자하는 메디아티에서 일했다. 〈조선일보〉 〈서울신문〉 〈중앙일보〉 〈세계일보〉 〈피렌체의 식탁〉 등에 디지털 미디어와 시각 문화, 미국 정치에 관한 고정 칼럼을 연재 중이다. 〈아날로그의 반격〉 〈생각을 빼앗긴 세계〉 등을 번역했다.

코로나19로 인한 팬데믹이 전 세계 사람들의 생활 방식을 송두리째 바꿔놓았다는 사실을 부정하는 사람은 없다. 우리는 그렇게 변화된 세상에 살고 있다. 전문가들은 더 나아가 팬데믹 전과 후는 전혀 다른 세상이 될 거라고 엄포를 놓으며 각종 전망을 내놓는다. 하지만 이들의 전망에는 신호(signal)와 소음(noise)이 섞여 있다. 이번 팬데믹이 자취를 감추면 함께 사라질 변화가 있는가 하면, 그대로 남아서 우리와 함께하게 될 변화가 있다. 이 둘을 어떻게 구분해야 할까?

전에는 존재하지 않았다가 팬데믹과 함께 나타난 변화는 그 변화를 뒷받침할 만한 잠재력, 즉 사회적 기반이 존재하지 않기 때문에 사라질 가능성이 높다. 사회적 거리 두기가 대표적 예다. 하지만 팬데믹 이전부터 서서히 사회에 등장하고 있던 변화 중에서 팬데믹 때문에 가속화한 변화는 다르다. 이미 자체 동력을 가지고 있던 변화 중에서 팬데믹으로 그 필요성과 타당성을 검증받은 것은 팬데믹 이후에도 살아남아서 우리의 삶을 바꿀 것으로 보인다. 가령 미국에서 진행되어온 백화점과 몰mall의 쇠퇴가 그렇다. '소매의 종말(retail apocalypse)'이라는 표현까지 등장시켰던 이 추세는 팬데믹으로 니먼 마커스 같은 전통적인 매장이 파산하면서 돌아올 수 없는 지점을 통과했다.

그런가 하면 새로운 산업의 탄생을 알리는 변화도 있다. 대표적 예가 원격 진료와 온라인 교육이다. 의료와 교육은 인터넷 도입으로 완전히 새로운 방식으로 진화할 여지가 큰 분야임에도 전통적 기관들의 힘이 강력해 변화가 지체되고 있었다. 의료계는 온라인 진료로 소수의 병원, 의료진에게 환자가 몰리는 상황을 좋아할 리 없고, 졸업장 숫자를 제한하기 위해 교육의 기회를 인위적으로 적은 수의 학생에게만 제한해온 소위 명문 대학들은 인터넷을 통한 교육 혁신이 반갑지 않다. 하지만 팬데믹 대처에 실패한 많은 국가에서 코로나19 환자가 병원에 넘치면서 일반 환자들이 병원에서 치료받을 기회를 박탈당했고, 단순히 의사와 대화만으로 약을 처방받을 수 있는 원격 진료가 이루어지지 않는 상황에 의문을 제기하기 시작했다. 학교는 더 심각했다. 미국의 경우 많은 학생들이 이미 1년 가까이 등교를 하지 못하고 온라인으로 수업을 듣고 있고, 그 과정에서 학교와 교사들은 새로운 환경에 맞춘 강의법을 개발하지 않으면 안 되는 상황이 되었다. 그동안 정체되었던 혁신이 팬데믹 때문에 강제적으로 일어나고 있는 것이다.

물론 팬데믹이 끝나면 환자들은 병원으로, 학생들은 학교로 돌아가겠지만 2019년의 상황으로 100% 회귀할 거라 생각하는 사람은 거의 없다. 이미 많은 아이비리그 대학교에서 거의 모든 강의를 온라인으로 일반 대중에게 제공하고 있고, 코세라Coursera, 칸 아카데미Khan Academy 같은 온라인 교육 서비스에 투자자들이 몰려들고 있다. 불가피했던 변화가 앞당겨졌기 때문이다. 아마존은 이미 의료 서비스 진출을 선언했다. 뉴욕 대학교 경영학과 스콧 갤러웨이 교수는 이런 추세를 '대분산(great dispersion)'이라고 부른다. 제품과 서비스가 소비자에게 가는 길목을 막고 돈을 벌던 기관들의 장악력이 약화되고, 비용과 마찰이 적은 다양한 루트를 통해 소비자에게 직접 도달하게 되는 현상이다. 이는 궁극적으로 소비자들이 브랜드를 맹목적으로 신뢰하던 전통적인 소비 습관을 버리고 가성비와 가치가 극대화되는 소비로 방향을 바꾸게 될 것을 의미한다.

게다가 이 추세는 팬데믹 이전에 이미 등장해 조용히 기회를 노리고 있었다. 아마존의 음성 비서 서비스인 알렉사Alexa에게 "AA 배터리 10개를 주문해줘"라고 이야기하면 유명 브랜드가 아니라 자체 PB 상품인 아마존베이식스AmazonBasics 제품을 먼저 권한다. 과시 소비 품목이 아닌 제품군에서 브랜드의 힘은 이미 꾸준히 약화되고, 플랫폼과 유통망의 힘은 갈수록 커지고 있다. 사람들은 단 두 시간의 회의를 위해서 비행기를 타고 다른 도시로 이동해 호텔에서 하룻밤 자야 하는 비즈니스 미팅을 싫어했지만 클라이언트의 눈치를 보느라 화상회의를 꺼렸을 뿐이다. 하지만 팬데믹이 이들의 눈을 뜨게 했다. 사람들은 세상의 모든 관습과 소비 방식이 지켜야 할 가치가 있는 것이 아님을 비로소 깨닫게 되었다.

라이프스타일 소비의시대

글 김용섭
트렌드 인사이트 & 비즈니스 크리에이티비티를 연구하는 '날카로운상상력연구소' 소장이자 트렌드 분석
가다. 〈프로페셔널 스튜던트〉〈라이프 트렌드 2021: Fight or Flight〉〈언컨택트Uncontact〉〈라이프 트
렌드 2020: 느슨한 연대〉〈요즘 애들 요즘 어른들: 대한민국 세대 분석 보고서〉〈라이프 트렌드 2019:
젠더 뉴트럴〉 등 다수의 책을 썼다.

우리를 열광시키는 건 물건 자체가 아니라, 물건이 우리의 라이프스타일에서 멋진 퍼즐 한 조각이 될 때다. 비싼 것을 샀다는 게 자랑거리가 아니라 멋진 걸 샀다는 게 자랑거리다. 무엇을 사느냐가 우리의 취향과 개성을 드러내는 기준이 된다. 드러내는 것과 드러내지 않는 것의 경계가 사라져버렸기 때문이다. 직접 찾아가기 전까진 볼 수 없었던 집 실내를 '랜선 집들이'란 이름으로 드러낸다. 비싼 물건을 자랑하는 게 아니라, 자신의 취향이 반영된 공간에서 자신이 가진 취향의 멋짐을 자랑하는 것이다. 덕분에 고가의 가구도 잘 팔리고, 가구업계를 비롯 패션·리빙·유통업계에서 생활 소품 시장을 적극 공략하고, 심지어 가전회사도 비스포크 같은 스타일이 중요한 제품으로 역대급 실적을 올리고 있다. 우리는 #ootd 같은 해시태그를 걸어 그날그날 뭘 입었는지를 다 드러낸다.

무엇을 먹었는지, 어딜 놀러 갔는지, 뭘 샀는지를 다 드러내는 시대의 사람들에겐 무엇이 가장 중요할까? 결코 가격은 아니다. 비싼 걸 샀다고 무조건 멋지다고 반사적으로 반응하지 않는다. 물건 자체가 아니라 그 물건을 가진 사람의 라이프스타일도 보면서 판단한다. 그래서 같은 물건이라도 누가 갖고 있느냐에 따라 반응도 다르다. 라이프스타일은 생활양식이자 일상에서의 소비 패턴이기도 하다. 우리가 어떤 가치관을 가졌는지, 소득과 경제력은 어떤지, 어떤 경험을 쌓았으며, 어떤 욕망에 민감한지, 어떤 지역(환경)에서 누구와 살고 어떤 일을 하면서 사는지 등에 따라서 라이프스타일이 결정되기도 한다. 누군가의 라이프스타일은 그 사람의 의식주뿐 아니라, 그 사람이 어떻게 살아왔고 살아갈지도 고스란히 드러낸다. 이걸 한마디로 하면 '취향'이다.

가성비를 따지며 합리적인 것을 좋아하지만 세련된 취향을 드러내길 원하는 소비자, 혹은 힙하고 새로운 트렌드에 민감한데 빈티지와 클래식한 것도 좋아하는 소비자에겐 어떤 일상 소비재를 팔아야 할까? 참 별난 소비자처럼 보이지만, 이것이 요즘 소비자다. 엄밀히 말하면 물건을 소비하는 게 아니라 라이프스타일을 소비한다고 볼 수 있다. 가성비를 따지는 건, 싼 것만 찾겠다는 게 아니라 싸지만 괜찮은 것을 소비하면서 아낀 돈으로 좀 더 비싸고 멋진 것도 사기 위한, 즉 선택과 집중을 위한 장치가 가성비다. PB 상품마저도 취향 소비를 하려는 소비자들은 라이프스타일 비즈니스에서 가장 적극적으로 공략할 대상이기도 하다.

PB 상품은 가격 경쟁력을 핵심으로 시작되었지만 점점 일상 소비재의 취향 수준을 끌어올리는 역할로 진화하고 있다. 싸기만 한 게 아니라, 싸면서도 멋진 소비재, 특히 아이덴티티가 비슷하게 연결되는 소비재들을 원하는 소비자가 늘었다. 서로 다른 브랜드가 제각각 기능과 가격 중심으로 만들어놓은 일상 소비재들이 결국 집에 들어오면 한 자리에 놓이게 되는데, 디자인이며 스타일이 너무 제멋대로다. 이래선 취향 없는 사람의 잡동사니로 보인다. 남에게 보여질 때가 문제가 아니라, 자신이 그걸 본다는 게 문제다. 남에게만 멋지게 보이는 과시적 소비가 아니라, 스스로를 만족시키는 취향 소비가 더 중요해졌기 때문이다.

대량생산, 대량소비가 가능해지면서 생필품을 비롯한 일상적 소비 시대가 열렸다면, 물질의 풍요가 보편적으로 확산된 후엔 좀 더 특별한 소비를 위해 럭셔리 명품에 열광하는 사치의 시대가 열렸다. 여전히 사치의 시대가 지속 중이지만, 럭셔리 명품 대신 라이프스타일 브랜드가 만들어내는 일상의 새로운 가치이자 새로운 의미에서의 윤택함을 누리는 이들이 늘었다. 그동안 잘 파는 것이 유통의 역할이었다면, 멋진 걸 잘 고르고 멋진 걸 잘 만들어서 파는 게 앞으로 유통의 역할이 된다. 유통이 라이프스타일을 제안하고 소비자에게 다양한 큐레이션을 제공하는 역할이 중요해질 수밖에 없다. 일상 소비재마저도 취향과 가치를 얘기하는 시대, 소비자는 멋진 퍼즐 조각을 계속 찾고 있다.

창조는
차이와
다양성에서
나온다

글 윤성원
프로젝트 썸원 콘텐츠 오너. 양질의 콘텐츠를 만들고, 좋은 콘텐츠가 제대로 경험되는 생태계를 만들기 위해 '프로젝트 썸원'을 운영하고 있다. 콘텐츠 제작부터 비즈니스까지 모든 과정을 담당한다.

디지털화가 팬데믹을 만나며 더 가속화하고 있다. 디지털의 핵심은 무엇일까? 분야나 산업마다 발현되는 특징은 각기 다르지만, 모든 산업을 초월해서 나타나는 한 가지 확실한 흐름은 '초연결성'이다. 그렇다면 연결 가능한 모든 것이 연결될 때 어떤 일이 펼쳐질까? 모든 것이 동일 선상에서 연결되면 서로 경쟁하게 된다. 초연결로 인해 '초경쟁'이 촉발되는 것이다. 따라서 앞으로의 경쟁은 비슷한 산업군 내에서만 이루어지지 않는다. 거의 모든 것이 연결된 시대에는 모든 기업이 고객의 한정된 시간과 관심을 조금이라도 더 차지하기 위해 무한 경쟁을 펼쳐야 한다. 괜히 동영상 스트리밍 서비스인 넷플릭스가 자신의 경쟁 상대로 게임 회사인 포트나이트를 지목하는 게 아니다.

그렇다면 이런 초경쟁 시대를 슬기롭게 헤쳐나가려면 어떻게 해야 할까? 여기서 주목해야 할 점은 기업이든 집단이든 경쟁이 치열해질수록 점점 더 비슷해진다는 점이다. 한국인 최초로 하버드 경영대학원 종신 교수가 된 문영미 교수가 쓴 책 〈디퍼런트〉에 따르면, 경쟁이 치열할수록, 위기 상황일수록, 아이러니하게도 사업자들은 점점 더 닮아간다고 한다. 경쟁이 동질화를 가속화한다는 것이다. 최근 한 유튜버는 '모든 코로나19 광고는 정확히 같다'고 주장했다. 팬데믹이라는 공통의 위기 상황에 대부분의 기업들이 '화합'과 '힐링'이라는 안전하고 뻔한 메시지만 전달하고 있다는 것이다. 그런데 말이다. 안타깝게도 냉혹한 비즈니스 현장에서 그저 남들과 똑같은 메시지를 내세워서는 소비자의 관심을 얻을 수 없다.

초경쟁 시대에 사람들의 관심을 사로잡는 유일한 방법은 '차별화'뿐이다. 남들과는 달라야 관심을 받을 수 있고, 관심을 받아야 비즈니스도 건설할 수 있다. 디지털이 촉발시키고 있는 이 거대한 초연결과 초경쟁의 시대에 살아남는 가장 확실한 방법은 바로 차이를 만드는 것이다. 그렇다면 어떻게 차이를 만들어낼 수 있을까? 방법은 크게 두 가지다. '제거'와 '집중'. 많은 사람들이 오해하는 것과 달리, 차별화는 무언가를 추가한다고 해서 만들어지지 않는다. 사람의 마음을 사로잡는 진정한 차별화는, 사람들이 당연하게 생각하는 것을 제거할 때 나온다. 구글이 메인 페이지에서 광고 등을 제거하고, 클럽하우스가 오디오 이외의 다른 불필요한 요소를 제거한 것처럼. 따라서 차별화의 기본은, 회사가 생각하는 업의 본질과 회사가 추구하는 핵심 가치에 집중하고, 그 이외의 불필요한 것을 제거하는 것이다. 따라서 차별화를 꿈꾼다면, 남이 해서 그럴듯해 보이는 무언가를 추가하는 것이 아니라 회사가 지향하는 핵심 가치를 찾고, 그 이외의 것은 제거해야 한다. 이게 바로 스티브 잡스가 평생 집착했던 '미친 듯한 심플함'이다.

다만 사업의 본질을 한 번에 꿰뚫는 통찰력을 가지는 건 쉬운 일이 아니다. 이를 위해선 많은 경험과 시간이 필요하니까. 그럴 때 대안으로 선택할 수 있는 방법이 바로 '집중'이다. 모두를 만족시키려고 하면 결국엔 그 누구도 만족시킬 수 없다. 따라서 회사가 가장 최우선적으로 만족시켜야 할 고객이 누구인지를 결정하고, 그 고객에게 완전히 집중하는 것이 또 하나의 차별화 방법이다. 그리고 누군가에게 집중한다는 것은 동시에 그 이외의 사람들은 철저하게 배제한다는 뜻이다.

기존의 기업이 제대로 관심을 갖지 않았던 사람들을 찾고, 그들의 불편함을 해소하고, 그들이 추구하는 가치를 함께 추구하면 차별화가 이루어질 뿐 아니라 커뮤니티 또한 만들어지며, 브랜드 팬덤도 시작된다. 그렇게 막연한 일반 대중이 아니라, 다양한 계층과 다양한 집단에 관심을 가지고 집중하면 서비스 또한 다양해질 수밖에 없고, 그 결과로 사회는 더 풍요로워진다. 소비자 입장에서 보면 답은 훨씬 더 명확해진다. 매일매일 접하는 서비스와 메시지가 넘쳐나는데, 심지어 그것들이 다 비슷비슷하다면 그중에서 선택을 한다는 건 어려울 수밖에 없다. 그러면 결국 사람들은 평소 자신이 추구하는 가치에 부합하고, 자신을 수많은 대중의 한 명으로 대하는 게 아니라 소중하게 대우해주는 브랜드에 이끌릴 수밖에 없다. 즉 이제는 뾰족한 가치를 추구하고, 다양성을 추구해야 고객의 선택을 받을 수 있는 시대다. 따라서 지금 시대의 소비 가치는, 사람의 마음을 움직이는 창조는 차이와 다양성에서 나온다. 그저 누군가를 따라 하는 것이 아니라.

어떻게 하면 더 덜어내고 더 다양해지나

마케팅과 홍보 없이
오직 구조와 시스템으로
끊임없이 차이를 만들어내는
노브랜드의 디자인 전략

LESS IS BORE

그래픽 디자이너

전채리

자기다움을
만들어가는 디자인

똑같은 스토리도 표현 방식에 따라 전달하는 메시지가 달라진다.
브랜드가 가진 본연의 '다움'이 개념으로만 머물지 않고 최종 결과물인 형태, 로고 등을 통해
소비자에게 친숙하게 연결되도록 하는 브랜드 경험 설계자. 브랜드 아이덴티티 디자인 회사 CFC가
'CFC다움'을 유지하는 가장 큰 힘은 끊임없이 다양성과 소통하는 것이다.

오랜 시간 곁에 두어도 괜찮을 물건, 일상의 사물들 사이에 놓여도 자연스럽게 조화를 이루는 제품을 선택한다는 전채리 대표.
곳곳에 놓여 있는 작업 샘플, 포스터에서 브랜드 아이덴티티 디자인 회사라는 CFC의 DNA가 자연스레 드러난다.

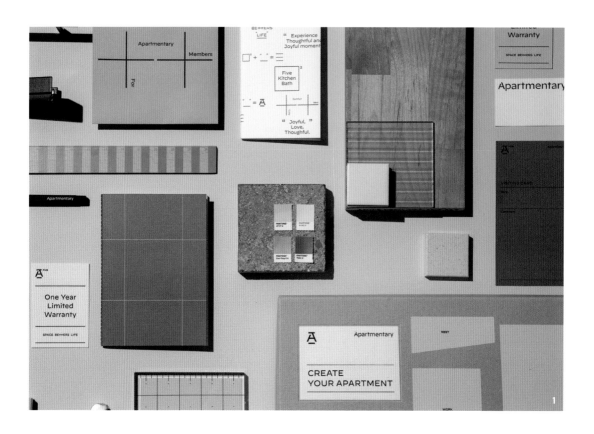

scene 1. 아파트가 있다. 네모반듯한 평면도. 똑같은 창문,
　　　　 똑같은 베란다가 층층이 쌓여 있다.
scene 2. 다큐멘터리. 어떤 사람이나 사건의 이야기.
　　　　 마침표와 따옴표 사이로 길게 이어지는 글줄.
scene 3. 아파트멘터리. 아파트(공간)와 다큐멘터리(이야기)의 합성어.
　　　　 선과 면, 평면도의 기호와 문장부호가 구조적으로 연결된다.

시공 과정의 모듈화를 통한 합리적 리모델링 서비스를 견고하면서 신뢰감 있는 선과 면의 이미지로 구현한 '아파트멘터리'의 웰컴 키트와 소비자가 실질적으로 궁금해하고 보고 싶어 하는 내용을 주석 디자인으로 강조한 마켓컬리 컬리스의 동물복지 우유, 무한한 가능성, 끊임없는 변화를 상징하는 SM엔터테인먼트의 역동적 로고까지, 여기에는 MZ 세대(밀레니얼+젠지 세대)의 충성도가 높은 브랜드라는 점 외에 또 하나의 공통점이 있다. 모두 디자인 스튜디오 CFC가 BI, CI에 참여한 프로젝트라는 것이다.
CFC(ContentFormContext)는 그래픽 디자이너이자 아트 디렉터인 전채리가 이끄는 브랜드 아이덴티티 디자인 스튜디오다. 아파트멘터리 BI 리뉴얼을 비롯해 마켓컬리 컬리스 BI, SM엔터테인먼트 CI, 기아자동차 브랜드 스페이스 BEAT360 BI, 아모레퍼시픽 헤라 BI, 오설록 패키지 디자인 시스템 리뉴얼, 현대백화점 클럽 쟈스민 BI, 파라다이스 아트 스페이스 BI 등 프로젝트 리스트만 살펴보더라도 산업의 장르에 구애받지 않는다는 점을 알 수 있다. "세상이 급변하고 있는 것을 실감해요. 마차 시대가 저물고 자동차 시대가 등장한 것처럼 비즈니스의 패러다임이 변하는 것을 업무뿐 아니라 매 순간 일상에서도 느끼죠. 업의 카테고리, 채널, 장르의 경계가 사라지는 지금, 이러한 변화를 브랜드 관점에서는 어떻게 해석하고 대응할 것인지에 대해 고민합니다. 뷰티 제품이 호텔 브랜딩에 영감을 줄 수도 있고, 예술 작품이나 고전에서 패키지 디자인의 아이디어를 얻을 수도 있죠."
　　　브랜딩 작업에서 가장 중요한 점은 디자인해야 할 브랜드에 대해 명확히 이해하고, 온전히 그 세계에 흡수돼야 한다는 것이다. SM엔터테인먼트 비주얼 아이덴티티 리뉴얼 작업은 1년 이상 진행했다. 무한한 가능성, 끊임없는 변화, 빛, 문화, 기술 등을 키워드

디자이너 전채리

그래픽 디자이너이자 아트 디렉터. 서울대학교 시각디자인과를 졸업하고 브랜딩 회사 인터브랜드, 스톤을 거쳐 2013년 CFC를 설립했다. 아파트멘터리 BI, SM엔터테인먼트 CI, 마켓컬리 컬리스 BI 및 패키지, 기아자동차 브랜드 스페이스 BEAT360 BI, 아모레퍼시픽 헤라 BI, 오설록 패키지 디자인 시스템, BTS 앨범 〈Map of the Soul: Persona〉 디자인, 파라다이스 아트 스페이스 BI 작업을 비롯해 문화, 식음, 예술, 패션, 뷰티 등 장르를 가리지 않고 다양한 분야의 BI·CI와 디자인 프로젝트를 진행했다.

1 아파트멘터리 아이덴티티. 아파트(공간)와 다큐멘터리(이야기)라는 네이밍의 의미를 디자인으로 실체화한 비주얼 아이덴티티 시스템은 시공 과정의 모듈화를 통해 표준화된 아름다움을 제공하는 아파트멘터리 리모델링 서비스의 특징을 반영했다는 평가를 받는다.
2 아모레퍼시픽 'ABC Spirit 캠페인'의 그래픽과 애플리케이션 디자인.
3 끊임없이 변화하면서 스스로 진화한다는 메시지를 담은 SM엔터테인먼트 CI.

로, 고정된 하나의 형태가 아니라 기본형이 계속해서 변하는 형태의 플렉시블 아이덴티티를 제안했다. 멈춰 있지 않고 시대의 흐름에 따라 유연하게 변주하고 진화하겠다는 의미는 CFC의 아이덴티티에도 적용된다. "CFC다움을 유지하는 가장 큰 힘은 끊임없이 다양성과 소통하는 일이에요. 프로젝트를 맡을 때 산업의 장르를 구분하지 않는 것처럼 다양한 분야에서 활동하는 사람들을 만나는 걸 즐기죠. 1년에 한 번씩은 꼭 직원들과 인사이트 트립을 떠나고요. 2017년에는 런던, 2018년에는 뉴욕, 2019년에는 포틀랜드에 다녀왔어요. 자유롭게 영감을 주고받고 소통할 수 있는 개방된 업무 환경도 중요하고요."

마포구 상수동에 자리한 CFC 스튜디오는 업무 공간이지만 집처럼 밝고 따뜻하게 꾸몄다. 커다란 창문으로는 온종일 햇살이 들어오고 바닥, 가구 모두 편안한 우드 톤으로 마감했다. 지난해에는 아래층까지 오피스를 확장했다. 기존 오피스의 테마가 '유연과 소통'이라면 새롭게 꾸민 오피스는 '집중과 영감'이다.

"CFC의 작업은 어느 한 사람의 재능이 아닌 여러 디자이너의 긴밀한 협업으로 완성되기 때문에 오픈 플랜 방식의 개방된 오피스 환경이 업무 효율에 긍정적 영향을 줍니다. 반면 저는 모든 프로젝트를 총괄하는 것을 비롯해 대내외적 미팅이 많아 집중할 수 있는 환경이 필요했어요. 제 집무실이 있는 2층은 블랙을 기조로 차분하게 몰입할 수 있는 분위기를 만들되 패브릭, 디자인 가구, 공예 오브제로 감성적 터치를 더했죠."

전채리 대표는 국내 젊은 작가와 디자이너들의 가구, 설치, 오브제, 그래픽, 공간에 이르는 다양한 실험적 작업에서 영감을 얻는다. 핀터레스트, 비핸스 등 영감을 얻을 매체가 많지만 실제로 보고 만지고 경험하며 얻는 인사이트의 밀도가 다르다고 믿기 때문이다.

"겉으로 드러나는 브랜드보다는 이면의 철학, 만듦새, 좋은 소재 등에서 감동을 받는데, 이는 노브랜드의 제품 철학과도 연결되는 대목이에요. 업계를 망라하고 매일매일 수많은 브랜드가 쏟아져 나오는 오늘 같은 시대에 브랜드 없음을 외치는 것은 아이러니하게도 노브랜드가 고객들에게 더 깊숙이 각인되게 만드는 스마트한 접근이라고 생각해요. 브랜드 이름값으로 인한 부가 비용을 줄이고 일정 수준 이상의 품질을 갖춘 상품을 대량으로 제공한다는 브랜드 철학 또한 노브랜드가 속한 일상재의 카테고리에 부합하고요. 즐겨 사용하는 제품은 물티슈와 각티슈, 또 A4 용지 같은 늘 사무실에 두고 쓰는 일상 소비재예요. 특히 도톰한 물티슈는 일반 물티슈보다 사용성이 좋고, 제품 사용 후 손의 건조함도 덜해 좋아합니다. 저희 집 주방 수납장에 항상 비치되어 있죠."

공간이 바뀌어도 다시 조합해서 사용할 수 있는 USM 모듈 수납장에 노트와 서류, A4 용지, 각티슈 등 노브랜드의 실용적인 사무용품을 수납하고 디자인 서적, 공예 오브제를 리듬감 있게 배치했다.

" 아이덴티티가 브랜드의 정체성과 태도라면 브랜딩은 브랜드의 정체성을 소비자에게 인식시키는 행위예요. 똑같은 스토리도 어떤 개성으로 표현되는지에 따라 소비자가 받아들이는 감도가 달라지기 때문에 이를 전달하는 형태, 로고 등의 디자인에서 공감대를 이끌어내는 것이 중요하죠. CFC 팀원들이 대부분 20~30대라 브랜드에 대한 이해가 높고 접근이 용이했던 것 같아요. 요즘 화두가 무엇인지 늘 내부에서 찾으려고 노력하죠. 동시대 서울의 그래픽과 공간 디자인, 그리고 공예 신에서 동시 다발적인 생동감을 느끼고요. "

가구 & 제품 디자이너

장태훈·김동훈

덜어내서 더 많아지는
크리에이티브

경기도 포천에 자리한 컨테이너 하우스. 문을 열고 들어서자 각종 가구 샘플과 목재,
목형 가공기와 지게차까지 육중한 장비가 빼곡하다. 일반 디자인 스튜디오와는 사뭇 다른 풍경인데,
이 첫 장면에서부터 이곳에 관한 힌트를 얻을 수 있다. 기획부터 제작까지 소화하는
전천후 디자인 스튜디오, 제로랩Zerolab 이야기다.

브랜드 대표이면서 디자이너, 생산자이면서 판매자인 제로랩 장태훈 대표(오른쪽), 김동훈 실장(왼쪽). 포천 작업실은 제로랩의
제작 역량이 드러나는 공간으로 한쪽 벽 가득 지난해 진행한 스툴365 프로젝트의 작업이 전시되어 있다.

장태훈, 김동훈이 이끄는 제로랩은 그래픽부터 가구, 공간, 전시까지 장르를 넘나들며 활동하는 전천후 디자인 팀이다. 같은 학교, 같은 회사 출신인 두 사람은 비슷한 시기에 독립해 각자 프리랜서로 활동하다 2010년 팀을 결성했다. 제로랩은 서촌에 사무실을, 포천에 작업실을 두고 있다. 작업실에서는 목재를 자르고 철을 용접하는 제작 일을 한다. 의자, 테이블 등의 가구는 물론 전시 구조물, 매장에서 사용하는 집기, 심지어 메이킹 장비까지 사람이 만들 수 있는 물건은 모두, 그리고 직접 만든다. 이들이 직접 제작 방식을 고집하는 이유는 간단하다. "업체에 맡기기 위한 커뮤니케이션 과정이 더 소모적일 때가 있어요. 작업자 방식에 맞춰 변형되는 일도 비일비재하고, 일정 맞추기도 쉽지 않죠. 반면 김동훈 실장과 저는 도면을 그려 그날 재단하고, 조립과 용접까지 한 번에 할 수 있어요. 우리가 가진 생각을 선명하고 빠르게 구현하는 것은 물론 외부 조건에 흔들리지 않는다는 게 가장 큰 장점이죠."

두 사람의 역할은 프로젝트 단위로 결정된다. 프로젝트 의뢰가 들어오면 더 잘할 수 있을 것 같은 사람이 디렉터를 맡아 기획하고 디자인과 도면 작업까지 마친 뒤 제작과 설치를 함께 한다. 생각(디자인)은 따로 하고 물리적 작업만 공유하는 방식이다.

"저희 둘 다 함께 디자인한다는 건 불가능하다고 생각해요.(웃음) 한 팀이지만 독립적으로 디자인 작업을 하되, 뭔가를 결정해야 한다거나 조언이 필요할 때 의견을 나누죠. 적절히 분리되고, 집약해서 힘을 모으는 이런 방식 덕분에 10년을 큰 탈 없이 함께하지 않았을까요?"

2020년은 제로랩이 탄생한 지 10년째 되는 해였다. 10주년을 맞아 뭔가 의미 있는 프로젝트를 진행하고 싶었다는 두 사람은 1일 1스툴 만들기에 도전했다. 이름하여 '스툴365' 프로젝트. 가장 작은 크기의 가구인 스툴을 1월 1일부터 12월 31일까지 하루에 하나씩, 1년에 365개를 선보이며 매일 인스타그램(@stool365)을 통해 업로드했다. 그리고 지난여름, 상반기를 정리하는 전시 〈STOOL365 1/2〉를 진행했다.

"각 디자이너마다 내세우는 장점과 특기가 있잖아요. 제로랩은 뭘 잘할까 생각했을 때 '꾸준함', '성실함'이라는 단어가 가장 먼저 떠올랐어요. 제작 시스템을 갖추고 있다는 것 또한 저희만의 경쟁력이고요. 생각하면 바로 만들어볼 수 있다는 것은, 아니면 다시, 또다시 할 수 있다는 뜻이기도 해요. 시간과 비용을 따져봤을 때 실패라는 리스크가

디자이너 장태훈·김동훈

산업 디자이너 출신으로 2010년 디자인 스튜디오 제로랩을 설립했다. 일찌감치 '직접 제작'의 가치를 깨닫고 가구, 제품뿐 아니라 상업 공간의 디스플레이용 집기, 전시 구조물 등 손으로 만들 수 있는 건 다 만든다. 2015년 문화역서울 284에서 열린 제4회 국제 타이포그래피 비엔날레의 공간 디자인과 제작을 맡았으며, 2017년 청주공예비엔날레의 스툴랩 전시, 2018년 서울시립 남서울 미술관의 만랩 전시에 참여했다. '스툴365'에 이어 '카트52' 프로젝트를 진행 중이며 아모레퍼시픽, 크로우캐넌 등 다양한 브랜드와 협업한다.
zero-lab.co.kr

1 무신사테라스, 무브먼트랩, 꽃술에서 2020년 진행한 〈스툴365 1/2〉 전시는 제로랩 10주년을 기념하기 위해 기획한 프로젝트다. 스툴의 크기가 작다 보니 그동안 사용하기 애매한 자투리를 이용해 만들었는데 덕분에 폐기해야 할 많은 자재를 재활용할 수 있었다.
©사진 이석영
2 2019년 DDP에서 진행한 〈아마추어 서울〉 전시 디자인.
3 올해 진행하는 '카트52'는 일주일에 카트 하나씩 디자인, 제작하는 프로젝트로 바퀴 달린 구조물의 무한한 조형성과 기능성을 확인할 수 있다.
4 2018 서울디자인페스티벌에서 디자인프레스의 부스 디자인과 집기 제작을 맡았다. 부스의 주제는 '영감의 서재'. 디자인프레스가 인터뷰했던 크리에이터 92팀에게 삶과 창작에 영감을 준 책을 추천받아 모던한 서재를 완성했다. ©사진 이명수

크지 않으니 구상도 더 자유롭게 할 수 있죠."

접근할 수 있는 물성과 형태에 대한 탐구가 돋보이는 스툴을 보고 있으면 지루할 틈이 없다. 매일 다른 디자인을 하나씩 뽑아내는 과정이 녹록지는 않았을 터. 김동훈 실장은 마치 숨 쉬는 것처럼 작업했다고 소회를 밝혔다. "매일 새로운 스툴을 만들어야 한다는 건 아이러니하게도 새로운 것을 포기해야 한다는 뜻이기도 해요. 밀린 일기처럼 하루에 2개, 3개씩 작업할 때도 있었죠. 초반 한 달 정도는 레퍼런스도 찾아보고 했는데, 어느 순간부터 숨 쉬는 것처럼 자연스럽게, 그저 기능적으로 하나씩 만들고 있더라고요."

"김동훈 실장 말처럼 생각하면 존재할 수 없는 프로젝트죠. 어떤 프로젝트라도 제약이 따르게 마련인데, 스툴365는 그중에서도 한정된 시간이라는 압박이 가장 컸어요. 주어진 기능과 형태 등 본질적인 것 외에 불필요한 생각은 최대한 배제한 채 작업했죠. 컬러도 옐로, 블루, 핑크 세 가지로 제한하고 페인팅, 포마이카, 분체 도장 마감으로 변주를 줬습니다."

올해는 카트 프로젝트를 진행하고 있다. 카트는 제로랩이 즐겨 작업하는 제품군으로, 어떤 형태의 집기든 바퀴를 추가하면 활용도가 높아지는 것은 물론 조형미를 더할 수 있어 매력적이다. 또 주방에 두고 식품 팬트리로 사용하거나 거실 한편에 두고 미니바로 이용하는 등 어떻게 활용하는지는 전적으로 사용자에게 달려 있다는 점도 흥미롭다. '스툴365', '카트52' 모두 하나하나의 이야기보다 각각의 작업이 모여 1년을 이뤘을 때 의미가 크다. 잔재주 부리지 않고 건조하게 만들었지만, 시간이 쌓일수록 군집했을 때 발휘되는 강력한 힘. 아이러니하게도 멋진 디자인을 위해 힘주거나 애쓰지 않고 저절로 그렇게, 제로랩만의 크리에이티브를 만들어낸 것이다. 결국 독창성이란 억지로 꾸며내는 것이 아니다. 오랜 시간 축적된 경험과 취향을 가장 자연스러운 방식으로 표현할 때 완성된다.

때론 식품을 수납하는 팬트리로, 때론 욕실용품 정리함으로 사용자의 취향과 용도에 맞게 다양하게 활용 가능한 카트. 커피 원두, 음료 등 패키지가 예쁜 노브랜드의 상온 저장 제품을 보관하기에 좋다.

❝ 가끔 디자인에 굉장히 많은 이야기를 넣으려고 할 때가 있어요.
어느 날 문득 '작은 의자 하나에 마치 세상을 바꿀 것처럼 담대한 사상을 담을
필요가 있을까' 하는 생각이 들었어요. '스툴365'는 정반대의 이야기를 해요.
진지하지 않아도 괜찮다고, 더하지 말고 덜어내라고요. 제약이 많은 디자인은
아이러니하게도 사용성에 제약이 없어집니다. 면과 선으로만 구성된 스툴이
본래의 앉는 용도 외에 티테이블이 될 수도, 화분 거치대가 될 수도 있는 것처럼요.
그리고 뭉쳤을 때 힘을 발휘하죠. 노란색을 기조로 하나의 목소리를 내는
노브랜드의 수많은 제품처럼요. ❞

라이프스타일 디자이너

김재원

집요한 맥시멀리스트의
소비 실험

성수동에 가면 빼놓지 않고 둘러봐야 할 매력적인 공간이 있다. 성수동 최초로 공장을 개조한 카페
'자그마치'와 카페, 문화 공간, 큐레이션 문구점, 과자 가게가 한데 옹기종기 모여 있는 옛 건물이다.
이곳을 기획하고 운영하는 김재원 디자이너는 끊임없이 스터디와 정제를 반복하며 브랜드의 에센스를 발견하고
그에 어울리는 언어, 에크리튜Ecriture를 써 내려간다.

카페 오르에르 3층에 자리한 오르에르 아카이브. 이곳에서는 김재원 디자이너가 아끼는 수집품과 그의 취향이 담긴
오브제를 전시하고 판매한다. 저마다 특별한 이야기가 담긴 듯한 물건이 마음을 사로잡는다.

2014년 2월, 성수동 최초로 공장을 개조한 카페 자그마치가 문을 열었다. 이를 필두로 문화 공간 오르에르, 수집품과 취향이 반영된 오브제를 전시하고 판매하는 오르에르 아카이브, 큐레이션 문구점 포인트오브뷰, 최근 과자 가게 오드투스윗까지 차례로 생겨났다. 옛 공장 부지에서 정원을 사이에 두고 오밀조밀하게 모여 있는 가게들은 연결 고리가 없는 것처럼 색깔과 밀도가 저마다 다르다. 하지만 천천히 둘러보면 공간과 물건에 담긴 취향의 감도가 범상치 않음을 이내 깨닫게 된다. 이곳을 만들고 운영하는 이는 공간 기반의 브랜드 기획 회사 아틀리에 에크리튜의 김재원 디자이너. 그에게 공간은 자신이 추구하는 브랜딩의 방법 가운데 가장 핵심적인 부분이다.

"브랜드는 많은 사람들에게 인지되어야 하는 만큼 오감으로 외부 정보를 받아들이는 인간의 인지 시스템을 들여다볼 필요가 있어요. 과거의 브랜딩 방법은 시각물 위주의 좁은 영역을 중심으로 발전했는데 그런 면에서 공간은 브랜드를 총체적으로 인지할 수 있는 마당과도 같다고 볼 수 있습니다." 여러 브랜드를 만들고 운영하다 보니 그런 확신이 더욱 단단해졌다. 전자상거래가 발전할수록 사람들은 직접 만나고자 하는 욕구가 커졌고, 이러한 흐름을 파악한 김재원 대표는 브랜드의 색깔마다 어울리는 언어, 에크리튜를 만들고 유지하는 것이 중요하다고 판단했다.

"콘셉트를 뚝딱 만들어낸다기보다 그 분야를 공부하고 정제하는 과정을 반복하다 보면 어느 지점에서 그 브랜드의 에센스가 자연스럽게 드러나게 되지요." 공간 비즈니스는 디지털에 익숙한 젊은 세대가 매력을 느끼기에 쉽지 않은 장르다. 하지만 사람은 본질적으로 무언가를 경험하면서 브랜드를 인식하기에 디지털을 통해 세상을 접하는 어린 세대에게도 공간 경험은 반드시 필요하다고 말한다. 오히려 디지털화가 가속될수록 현실의 공간 브랜딩의 가치는 더 귀중해질 것이라고. 그의 취향이 담긴 오브제가 모여 있는 오르에르 아카이브, 호기심을 자극하는 문구류가 가득한 포인트오브뷰에 들어서면 마치 물건들의 세계로 여행을 떠난 듯한 기분이 든다. 선보이는 브랜드, 셀렉션마다 차별화를 이루는 에너지와 원천은 어디에서 나올까?

"저는 기본적으로 호기심이 많은 사람이에요. 아직 세상은 재미있는 주제와 사건이 너무 많고, 제가 기여할 수 있는 일 역시 많다고 생각해요. 소비할 때는 미니멀리스트

디자이너 김재원

2014년 2월 성수동 최초로 공장을 개조한 카페 자그마치를 열어 사람들을 불러 모았다. 2016년에 카페 오르에르를, 2017년에는 오르에르 아카이브를 차례로 열고 현재는 포인트오브뷰, 오드투스윗까지 연달아 선보이며 성수동이 생산 지역에서 소비 지역으로 옮겨가는 데 결정적 역할을 했다. 영국 센트럴 세인트 마틴스 텍스타일 디자인학과를 졸업하고 건국대학교에서 텍스타일 디자인으로 석·박사 학위를 받았다. 현재 건국대학교 리빙디자인학과 겸임 교수로도 활동 중이다.
www.ecriture.kr

1 오르에르 아카이브는 김재원 대표의 안목과 취향을 가장 가까이에서 경험할 수 있는 공간이다.
2 종이와 필기구부터 아름다운 오브제까지 공감각적인 관점과 도구를 체험할 수 있는 문구점, 포인트오브뷰.

와는 거리가 멀고 오히려 맥시멀리스트에 가까워요. 많은 것을 사보고 경험하고 싶기 때문에 엄청나게 많은 소비를 해요. 거기에서 저는 다양한 이야기에 귀 기울이고 그 브랜드가 가고자 하는 길을 상상하곤 합니다. 어쩌면 소비라기보다 실험체라고 보는 게 더 맞을 것 같네요. '이 물건들이 무엇을 말하려고 하는 것일까' 하는 궁금증 때문에 다양하게 구입하는 편입니다."

무언가를 사겠다고 마음먹으면 거의 모든 제품을 집요하게 검색해보고, 이른바 '끝판왕'이라 불리는 가장 좋은 물건을 사서 써본다. 긴가민가한 것은 제일 좋은 것과 제일 안 좋은 것, 중간 단계의 제품을 모두 사는 편이다. 이 룰은 문구류에서도 예외가 아니다.

"현대인에게 일터는 매우 중요한 개념이에요. 포스트코로나 시대에는 일터와 생활 공간이 점점 더 가깝게 접근할 거라고 이야기하잖아요. 라이프스타일만큼이나 워크 스타일도 스스로 만들어가는 시대이고 그에 맞는 다양한 도구가 필요하다고 생각해요. 그래서 저는 미팅을 가거나 다른 오피스를 방문하면 그 사람이 어떤 문구용품을 사용하는지 눈여겨보곤 해요.(웃음)"

김재원 대표는 노브랜드가 사람들의 생활에 좀 더 재미있게 파고들려면 워크 스타일을 보여주는 것도 좋겠다고 첨언했다. '실용적 관점으로 생산한 제품부터 사람들의 감성을 자극하는 문구류까지 다양하게 보여준다면 라이프스타일을 폭넓게 펼칠 수 있지 않을까? 거기에 감성적 접근이 강한 포인트오브뷰가 함께한다면 국내의 오피스 워크 스타일이 다양성을 가질 수 있지 않을까?' 하는 호기로운 상상을 하면서.

"제가 좋아하는 훌륭한 브랜드의 제품을 곁에 두고 오래오래 사용하고 싶어요. 그건 당연히 삶의 태도에서 나오는 것이겠지요. 세상에는 좋은 물건도 많지만 개선이 필요한 것도 많고, 아직 세상에 나오지 않은 것도 있어요. 기능적인 면뿐만 아니라 감성적인 부분도 중요하니까 그런 것을 제 공간에서 만들어 팔고 고객들이 공감대를 형성하는지 확인해보는 등 다양한 시도를 펼치고 있어요."

고전미가 느껴지는 포인트오브뷰의 블랙장 안에 은은하게 달콤한 세상이 펼쳐져 있다. 초콜릿 디저트는 노브랜드.

" 무지호텔은 무인양품이 겪은 많은 고민을 투영해 론칭한 브랜드예요. 무지호텔처럼 고객과 더 친밀해지려면 '성격'과 '감정'을 가진 브랜드가 되어야 하겠죠. 공간 브랜딩에 대해 더 많이 고민하는 것이 지금 시점에 필요한 일이라고 생각해요. 오피스 제품을 기획하는 데 있어 노브랜드의 강점과 감성적 접근이 강한 포인트오브뷰가 만난다면 오피스 워크 스타일이 더 다양해지지 않을까 하는 기대가 생깁니다. "

노브랜드 브랜딩 총괄

김기영

디자인 오리지널리티를 갖춘
한국형 슈퍼마켓

숙명여자대학교 디자인학과 김기영 교수는 노브랜드의 브랜딩 총괄이다.
그는 노브랜드의 가치는 오리지널리티를 향한 디자인 혁신의 집합체이자 한국형 슈퍼마켓의
새로운 기준을 제시했다는 점에 있다고 말한다.

노브랜드 브랜딩 총괄을 담당하시죠?

7년 전 어느 날 노브랜드 상표가 붙어 있는 나일론 양말을 보았어요. '노브랜드'라는 단어를 본 순간, 이것은 '왕이 될 사주다'라는 생각이 들었죠. 그래서 정용진 부회장에게 이 양말을 들고 가 노브랜드의 기획을 맡겨달라고 얘기했어요.

시작이 무척 극적이네요. 노브랜드라는 이름에 매료된 건가요?

노브랜드라는 이름은 신라면, 파스퇴르우유도 이길 만큼 파워가 있다고 직감했어요. 이마트 PB 상품 중에서도 최저가 카테고리로만 머물기엔 이름이 너무 아까웠어요. 무엇보다 노브랜드의 개선에 대한 정용진 부회장의 적극적인 의견이 시발점이 됐습니다. 처음엔 저와 담당 직원 한 명이 전부였어요. 그때 그 직원이 현재 노브랜드 사업부장인 송만준 상무죠.

그렇게 시작한 브랜드가 이마트에서 독립해 280개의 단독 매장을 오픈한 슈퍼마켓 체인으로 성장했어요.

1년여의 준비를 거쳐 선보인 오리지널 감자칩, 버터쿠키, 초콜릿 등이 이마트 매장에서 히트하면서 가성비, 가심비 모두를 만족시키는 브랜드로 인정받았습니다. 이를 계기로 2016년 8월 완전히 새로워진 800개의 노브랜드 상품을 갖춘 용인보라점을 시작으로 현재 280개 매장이 생겨났죠.

매장은 물론 제품 패키지 등 어디에서나 볼 수 있는 글귀가 인상적인데요.

기존 슈퍼마켓과 달리 저희는 하고 싶은 말이 많아요. '이런 정신으로 이런 물건을 만들었다'는 노브랜드가 추구하는 주장과 철학을 글에 담아 매장 곳곳에서 눈에 띄도록 했습니다. 제품과 매장이 철학적으로 연결되어 하나의 아이덴티티를 갖고, 또 패키지 디자인에 브랜드 철학 글귀를 넣어 디자인한 것도 노브랜드가 최초예요. 다른 어떤 나라에도 이런 슈퍼마켓, 패키지 디자인 사례는 없다고 생각합니다.

캐나다의 노네임을 벤치마킹했다는 의견도 있는데요, 최초의 한국형 오리지널 슈퍼마켓이라는 표현을 뒷받침할 근거는 무엇인가요?

캐나다의 노네임, 일본의 무인양품, 한국은 노브랜드. 노브랜드는 한국형 오리지널 슈퍼마켓을 만든 게 핵심입니다. 한국과 캐나다는 땅 크기부터 다릅니다. 캐나다는 대륙형으로, 우리나라는 도시형으로 만든 거예요. 이마트가 구축한 노하우와 직원들이 지속해온 연구를 바탕으로 매장 구조, 물류, 상품을 혁신해 한국형 슈퍼마켓으로 업그레이드한 것이죠.

한국형 오리지널 슈퍼마켓이라는 개념을 좀 더 구체적으로 이야기해주세요.

노브랜드는 기획부터 상품, 물류까지 엄청난 혁신이 숨어 있습니다. 그중 하나가 창고죠. 우리나라를 비롯해 모든 나라의 마트에는 보이진 않지만 큰 창고가 있습니다. 그 안에는 사무실, 판매할 물건, 금고 등이 있죠. 물류가 도착하면 창고에 물건을 정리하고 다시 매장에 진열하는 것의 고정관념을 깨고 창고를 없애거나 좁히는 일부터 시작했습니다. 물류 차가 도착하면 바로 매대로 옮기고 박스째 전시하는 방식으로 발상을 바꿨죠.

박스째 전시하는 마트는 노브랜드 외에도 있지 않나요?

물론 박스째 전시하는 다른 마트도 있습니다. 하지만 대표적으로 코스트코만 봐도 $9917m^2$ 규모의 초대형 마트고요, 노브랜드는 $330{\sim}3312m^2$라는 작은 규모에서 이를 실현한 것이죠. 제품을 쌓아둘 곳이 없으니 매대를 최대한 활용해 적재하고 판매할 제품을 1~2일마다 발주하는 시스템으로 운영합니다. 한국이 아닌 다른 나라에서는 어려운 일이죠. 물류와 IT 기술의 발달, 여기에 한국인 특유의 근면성이 더해진 결과입

❝실용적이며 의식을 가지고, 브랜드에 맹목적으로 종속되지 않는 사람들, 그들을 스마트 컨슈머로 규정했죠. 이들은 동시대 대한민국의 경쟁력이기도 합니다. 노브랜드는 스마트 컨슈머의 존재를 확신하고 그들을 메인 타깃으로 노브랜드의 정신을 알리고 그들에게 다가갔습니다.**❞**

니다. 노브랜드 슈퍼마켓은 철저히 한국형 모델인 셈이죠.

한 품목당 한 가지 제품만 판매하는 것도 특별합니다.
한국 마트에는 고추장 하나도 여러 종류를 갖추고 있어요. 반면 미국 기업인 코스트코 매장엔 한두 가지밖에 없죠. 이마트를 비롯해 한국의 대형 유통사는 대기업, 중소기업, 사회적 기업 등 국내 다양한 기업의 제품을 고루 판매해야 하는 의무 아닌 의무가 있습니다. 한국 기업으로서 한국 정서에 부응하다 보니 한 아이템당 여러 브랜드와 제품이 공존하는 구조죠. 그러나 노브랜드는 해외 유통사처럼 효율을 중시하는 기업 논리에 맞춰 해당 아이템의 베스트 상품을 선택해 한 가지만 판매하는 1 아이템 1 SKU 운영 정책을 적용했어요. 고객이 큰 고민 없이 해당 가격대 중 최선의 상품을 고를 수 있도록 제품 기획 단계를 비롯해 오랜 준비 기간을 거쳤어요. 기획부터 저희만의 오리지널이죠.

매장의 집기 역시 노브랜드만을 위해 디자인한 것이라고요.
이마트는 물론 대한민국 거의 모든 마트는 기성품 집기를 사용합니다. 노브랜드의 경우 저희 생각을 뒷받침할 집기가 없었어요. 창고가 작기 때문에 매대를 최대한 활용해 물건을 적재해야 하는데, 생수부터 라면까지 하중을 고루 견딜 수 있는 집기가 없었던 거죠. 지금 인터뷰하고 있는 이곳 성수동 이마트 본사 6층에서 집기부터 만들기 시작했어요. 세상에 있는 집기에 브랜드의 철학을 맞추기보다 우리의 철학을 실현할 수 있는 집기를 디자인한 것이죠.

'브랜드가 아니다'를 강조했지만 소비자는 오히려 노브랜드를 하나의 브랜드로 인식하고 있습니다.
브랜드는 디자인 오리지널리티가 절대적으로 중요해요. 노브랜드는 이마트 내 하나의 부속이었지만 브랜드가 해야 하는 도리와 의무를 다했더니 저절로 브랜드가 되었습니다. 처음에 노란색 컬러를 중심으로 외형상의 디자인을 만들었고, 제품의 퀄리티와 브랜드가 추구하는 철학을 확실히 정의했죠. 이로써 삼박자를 고루 갖춘 브랜드로 자리매김하게 되었고요. 애플과 나이키의 고민은 언제나 '뉴new'에 방점을 둡니다. 노브랜드 역시 언제나 새로운 것을 찾는 데 집중하죠.

노란색과 해시태그를 사용한 패키지는 노브랜드의 시그너처였죠. 요즘엔 통일감 있는 초기 디자인이 아닌 제품별 특성에 중점을 둔 듯 보이는데요.
노브랜드는 이마트 내 한 귀퉁이에 놓일 제품을 만드는 것부터 시작했어요. 이 시기에는 이마트 안에서 살아남기 위한 전략이 필요했죠. 수많은 제품 사이에서 최대한 돌출도를 높이는 것이 중요했습니다. 전형적인 PB 전략이죠. 노브랜드 단독 매장 1호인 용인보라점을 오픈하면서 디자인에도 변화가 필요했어요. 노브랜드 매장에서 고객이 더욱더 재미를 느끼고 많은 것을 경험할 수 있도록, PB가 아닌 제품별 특성에 맞춘 NB(National Brand) 디자인으로 수정했습니다. 세상에 우연한 디자인은 없어요. 모든 디자인은 계산된 전략입니다.

PB와 NB 상품의 디자인은 어떤 차이가 있나요?
PB 상품과 NB 상품 디자인은 학문적으로도 달라요. NB 상품은 다양한 유통처에서 판매가 이뤄져 이름을 먼저 알려야 하다 보니 제품명이 패키지의 절반을 차지하죠. 오히려 중소기업 상품이 감각적으로 보이도록 제품명에 영문을 사용하고 서체도 작게 써요. 이런 흐름은 한국 시장의 특징이기도 합니다. 노브랜드 제품은 이마트와 노브랜드 스토어에서만 판매해 제품명을 강조할 필요가 없어요. '나를 봐주세요'라기보단 '우리 매장에 와주세요'라는 의미를 담아 디자인하죠. 대형 매장일수록 전략적 디자인이 필요합니다. 전체 상품이 골고루 판매되면 좋겠지만 1등과 100등이 함께 존재하죠. 비식품 판매량이 많다면 과감하게 매장에서 식품을 뺄 수도 있고요. 제품 하나하나에 집착하기보단 매장 자체가 팀플레이를 하듯 통일감이 느껴지도록 하는 것이 중요합니다."

론칭 이후 디자인 방향을 세 차례나 변경했는데도 절대 변하지 않는 노브랜드 디자인의 본질이 있다면요?
평소 매장에 자주 들러 고객 입장에서 사진을 찍는데요, 박스째 냉동고에 넣는 가공식품은 박스에 가려 패키지 전체가 보이지 않는 문제가 생기죠. 깐풍기와 크림새우를 예로 들면, 이런 문제점을 보완하기 위해 이 두 상품의 디자인 전략을 달리했습니다. 인지도가 높은 음식인 깐풍기는 글씨를 크게 부각하고, 깐풍기보다 대중적이지 않은 크림새우는 글씨보다 이미지를 강조하는 식이죠. 현장에서 이런 부분을 자주 살피고 문제가 있으면 바로 수정합니다. 노브랜드 디자인은 개선의 연속이에요. 이를 통해 지속 성장이 가능하도록 돕죠. 작은 것 하나도 디자인을 보고 구매하는 시대입니다. 노브랜드가 저가형 브랜드라고 해서 디자인까지 가격에 맞추지는 않았어요.

기업에서 이미 판매 중인 상품의 디자인을 바꾸는 것이 쉬운 일은 아닐 텐데요.
100원을 사용하더라도 결제와 보고가 필요한 것이 모든 기업의 현실이지만 노브랜드는 선실행, 후보고 시스템입니다. 더군

다나 그 권리를 외부인인 저에게 허락했어요. 보고 없이 집행하고 문제점을 빠르게 개선, 적용할 수 있는 자유로움이 있죠. 대기업 시스템화의 폐해에서 예외적인 브랜드라고 할까요.

타사의 PB와 노브랜드의 차이점은 무엇일까요?

노브랜드는 브랜드로 접근하지만 다른 곳은 가격으로 접근합니다. 이것이 근본적 차이예요. 노브랜드의 오리지널리티를 유지해주는 것은 지속적인 개선입니다. 제품부터 진열, 집기, 디자인 등을 끊임없이 개선하는 것이죠. 노브랜드 매장은 단순히 사진만 찍어 가는 것으론 카피가 불가능해요. 숨어 있는 혁신을 알 수 없기 때문이죠. 이것은 이마트 내부의 자산이기도 합니다.

이토록 오리지널을 중시하는 이유가 궁금합니다.

노브랜드 1호 매장인 용인보라점을 오픈했을 때 어떤 광고도 홍보도 하지 않았어요. 이마트 에브리데이였던 곳을 노브랜드 슈퍼마켓으로 바꿔 오픈한 것이죠. 적자를 내던 매장이 첫 달부터 지금까지 흑자를 유지하고 있습니다. 광고나 홍보 비즈니스는 끝났습니다. 오리지널을 만들면 고객이 전파하고 그 속에서 에너지가 생겨나죠.

노브랜드가 추구하는 방향성은 '스마트 컨슈머'라는 용어로 압축됩니다. 노브랜드가 말하는 스마트 컨슈머의 정의는 무엇인가요?

사실 대한민국은 전 세계에서 명품 소비가 가장 많은 국가 중 하나잖아요. 이런 환경에서 PB가 제품의 품질만으로 살아남을 수 있을지 고민이 많았습니다. 그럼에도 젊은이들을 중심으로 한 에코백 열풍, 결혼식 간소화, 명품과 스파 브랜드를 섞어 입으며 자신만의 스타일을 만들어가는 이들이 증가

하는 사회현상에 주목했어요. 실용적이며 의식을 가지고, 브랜드에 맹목적으로 종속되지 않는 사람들, 그들을 스마트 컨슈머로 규정했죠. 이들은 동시대 대한민국의 경쟁력이기도 합니다. 노브랜드는 스마트 컨슈머의 존재를 확신하고 그들을 메인 타겟으로 노브랜드의 정신을 알리며 다가갔습니다.

디자인에 시대성을 반영한다는 것은 그만큼 시류에 민감하다는 얘기도 되겠죠. 시대를 읽기 위해선 어떤 기술이 필요할까요?

많이 사봐야 합니다. 과자든 옷이든 세상의 모든 봉투는 다 뜯어봐야 합니다. 저의 취미는 그릇 모으기, 세상의 모든 맛집 방문이에요. 어딘가를 찾아가고, 무엇인가를 사보는 것으로 일상이 꽉 차 있어요. 그래서 지출이 많지만 경험을 해봐야 알 수 있습니다.

노브랜드는 유통업계의 혁신적 브랜드로 평가받습니다. 디자이너이자 기획자의 관점에서 볼 때, 노브랜드가 시장에 어떤 변화를 가져왔다고 보나요?

대한민국은 다른 분야에서는 상위권에 속하지만 디자인만큼은 아직 중위권 수준이에요. 우리나라 정부에서 과학이나 IT 분야에 투자해서 실패했을 때 문책당하는 일은 드물 겁니다. 그러나 디자인에 투자해서 실패할 경우 분위기는 완전히 다를 거예요. 국민 정서상 아직은 어려운 부분이죠. 기업도 마찬가지입니다. 노브랜드는 이런 대한민국에서 디자인 오리지널리티를 갖춘 슈퍼마켓이에요. 노브랜드의 성공 비결은 첫째도 둘째도 셋째도 디자인입니다. 디자이너가 결정권을 함께 쥐고 있죠. 기획부터 물류, 디자인까지 오리지널을 추구하는 것, 이것이 노브랜드가 혁신적 비즈니스로 인정받는 이유가 아닐까요?

> 노브랜드는 브랜드로 접근하지만 경쟁사 PB는 가격으로 접근합니다. 이것이 근본적 차이예요. 노브랜드의 오리지널리티를 유지해주는 것은 지속적인 개선입니다. 제품부터 진열, 집기, 디자인 등을 끊임없이 개선하는 것이죠. 노브랜드 매장은 단순히 사진만 찍어 가는 것으론 카피가 불가능해요. 숨어 있는 혁신을 알 수 없기 때문이죠. 이것은 이마트 내부의 자산이기도 합니다.

디자인 오리지널리티의 진화

옐로 컬러와 해시태그를 활용한 패키지는 노브랜드를 대표하는 이미지다. 브랜드 가치 선언을 담은
초기 디자인부터 지금에 이르기까지 브랜드 진화에 맞춰 시각적 언어도 변화했다.

이미지사진

No Brand™
브랜드가 아니다. 소비자다

N01
노브랜드의
이념과실천

감자칩
오리지널

Potato Chip
Original

#노브랜드 #간식 #맥주안주 #바삭한
#담백한 #감자칩

110 g (545 kcal)
건조감자플레이크 59.8%

말레이시아산
(OEM)

STAGE 1

통일

노브랜드가 이마트 내 PB 중 하나였던 초창기에는
여느 PB 상품과 마찬가지로 수많은 제품 사이에서
최대한 눈에 띄는 것이 중요했다. 제품 각각의 특징
보다는 소비자에게 노브랜드라는 상표를 각인시키
기 위해 선명한 옐로 컬러와 제품명을 강조한 통일
감 있는 디자인으로 브랜드의 아이덴티티를 확립
했다. 이미지를 최소화해 제작 비용을 절감하면서
도 시각적으로 '초저가' 이미지를 강조하던 시기다.
론칭 이후 불과 6개월 만에 노브랜드가 화제가 되
며 점차 각 상품의 특성을 패키지에 담고자 식품을
중심으로 사진을 사용하고, 해시태그를 통해 패키
지에 직관적으로 제품의 특징을 표기했다.

STAGE 2

다양

2016년 노브랜드 단독 매장 1호인 용인보라점을 오픈하면서 디자인에도 변화가 필요했다. 매장을 찾는 고객에게 시각적 즐거움을 주고 더 많은 경험이 이뤄질 수 있도록 디자인에 자율성을 부여하고 각 제품의 특성을 강조한 NB 상품 방식으로 디자인의 방향을 틀었다. 스테디셀러 상품이 다양해지면서 제품 하나하나를 독립된 스타로 만들기 위한 전략으로, 패키지 중앙에 사진을 크게 넣거나 서체와 컬러를 자유롭게 사용하는 등 각양각색의 패키지가 공존했다.

STAGE 3

융합

현재 노브랜드 디자인은 세 번째 변화를 맞는 중이다. 세제와 제지 같은 일상용품과 과자 등 일부 카테고리에서 다시금 옐로 컬러를 강화해 노브랜드 매장에서는 노란색만 모아놓은 특별 섹션도 만날 수 있다. 단독 매장을 가진 브랜드지만 이마트 내의 노브랜드 상품 판매 확대도 고려해 두 가지 매장 성격을 모두 담을 수 있도록 개선한 결과 현재는 1, 2단계 디자인을 적절히 섞어 운영하며, 옐로 컬러를 강조하되 자유롭게 톤을 조절하고 서체 사용에도 제한을 두지 않는다.

매장 디자인 시스템 구축

노브랜드 매장은 기존 마트와 달리 세 가지가 없다. 첫 번째는 인테리어, 두 번째는 창고,
세 번째는 과도한 서비스다. 불필요한 작업과 공간은 물론 고객에게 서비스하는 비용까지 줄여
제품 가격을 낮춘다는, 고정관념을 깬 시도는 한국형 오리지널 슈퍼마켓이라는 새로운 형태를 제시했고,
이는 제품부터 매장 운영 전략까지 동일한 콘셉트로 이어지며 독창적 시스템을 구축한다.

핸드메이드 선반

창고를 없애거나 획기적으로 줄이고 최대한 진열
공간을 늘린 매장은 물건이 도착하면 바로 카트에
실어 박스째 선반에 진열한다. 선반 위 공간까지
알뜰히 활용해 상품을 적재하며, 이를 위해
라면부터 생수까지 다양한 상품의 무게를 견딜 수
있는 선반을 직접 제작했다.

RRP 박스

노브랜드 매장은 상품 진열 방식도 남다르다. 상자
앞면을 뜯어 그대로 진열하는 RRP(Retail Ready
Package) 방식을 채택한 것. 마지막 하나의 제품이
판매될 때까지 별도의 제품·박스 정리가 필요
없는 것은 물론, 최대한 상품 전면이 잘 보이도록
제품 개발 단계에서부터 최종 진열 형태를 고려해
패키지를 디자인한다.

1 아이템, 1 SKU

노브랜드 매장에서는 오직 한 종류의 제품만
판매한다. 제품 가짓수를 한정적으로 운영하는
1 SKU 정책은 제품 가격을 낮추는 역할을 하는
것은 물론 고객의 빠른 선택을 돕는다. 이곳에서
선택 장애를 겪을 일은 없는 셈이다.

커스터머 서비스

노브랜드는 한 매장당 평균 6명 내외의 직원이
상주한다. 계산 직원을 따로 두지 않고 한명의
직원이 다양한 역할(multi job)을 수행함으로써
효율적 인력 운영을 지향하는 것이 특징이다.
창고 안에 있던 직원 사무실을 외부로 옮기면서
고객과의 빠른 소통과 서비스 제공을 목표로
이름도 커스터머 서비스라 지었다.

구조와 시스템으로
최적을 찾는 사람들

**뷰티케어·화장품 바이어
김혜영**

**가전·문구·완구 바이어
반정원**

"처음 뷰티 제품을 기획하며 노브랜드의 가치와 철학이 과연 뷰티 카테고리의 특성과 맞닿을 수 있을지 고민이 많았어요. 화장품은 꿈을 주는 제품이라 여겨지는데, 이런 특성을 버리고 노브랜드 방식으로 어떻게 풀어나갈지 막막하기도 했고요. 고민 끝에 상품 본질에 초점을 맞춰 베이식하고 편안하게 매일 사용하는 제품을 중심으로 개발에 돌입했어요. 뷰티업계에 선례가 없는 새로운 형태의 브랜드를 운영하기 위해 저부터 기존 방식에 얽매이지 않도록 마음을 새롭게 다잡았습니다."

"PB 상품은 트렌드를 리드하는 데 어려움이 있어요. 시장이 충분히 성숙하고 확장된 시점을 예상해 그에 맞춰 제품을 연구하고 출시하는 편이 더 안전하죠. 계획하거나 의도하지 않았음에도 시장이 자연스럽게 확장되는 경우도 있고요. 현시점에서 가격과 스펙 부분에서 노브랜드만이 가질 수 있는 매력이 있다면 제품을 출시하지만, 이미 시장이 포화 상태이고 너무 저렴한 제품이 많다면 출시를 포기해요. 소비자에게 줄 수 있는 이점이 없다면 굳이 저희까지 시장에 뛰어들 필요가 없죠. 예로 구강 세정기가 있어요. 최근 제품 개발을 고민하다 온라인에 저렴한 제품이 워낙 많아 출시를 포기한 아이템이죠."

노브랜드의 바이어는 브랜드의 의미를 현실화하는 최전선에 선 주자들이다.
동시대적 생활상을 반영하되 불필요한 것을 덜어낼 줄 아는 지혜와 기존 관습을 깨는
도전 정신은 이들이 갖춰야 할 기본 덕목이다.

상온·간편식 바이어
윤진석

과자 바이어
이예림

"바이어들이 인쇄소나 용기, 박스 공장을 찾아다니는 일
도 많아요. 공정을 살피고 전문가와 이야기를 나누다 보
면 분명 뺄 수 있는 요소를 발견하게 되죠. 패키지는 보
존성을 해치지 않는 범위 내에서 상품 보호가 가능한 선
까지만 사용해요. 그러면 비용 절감과 더불어 불필요한
쓰레기가 줄죠. 일례로 노브랜드 시리얼은 전문 제조업
체 씨알푸드Crfood에서 만들어요. 제품 설계 단계부터
기존 브랜드와는 다르게 은박 비닐 파우치와 박스를 없
앴죠. 또 형태가 전혀 다른 패키지를 선택하기도 하는데
요, 노브랜드 '담백한 살코기참치'는 파우치에 담아 부피
감이 적고 휴대도 간편해요. 보통 요리할 때 참치를 부
숴 넣는데 '꼭 캔에 담아 모양을 그대로 살려야 할까'란
의문이 들었어요. 파우치 패키지로 원가를 절감하는 동
시에 기름을 적게 넣어 샐러드나 김밥 등을 만들 때 따
로 기름을 짤 필요가 없죠. 식품보다 다채로운 용기를
활용하는 생활용품에서 영감을 얻기도 해요. 세제 리필
용기에서 아이디어를 얻어 파우치에 담은 잼과 양곡류
는 원하는 만큼 덜어 쓰기 편하고, 쓰레기 부피도 적어
소비자들이 선호하죠."

"국내에는 장인 정신을 가진 OEM 제조 중소업체가 정
말 많아요. 기술력도 뛰어나죠. 단, 기존 업체와의 관계
를 중요시해 신생 브랜드에 납품하는 것을 꺼리기 때문
에 적잖은 어려움이 있었어요. 그분들에게 우리의 철학
과 아이디어를 설명하고 설득해 여러 전문 생산업체를
확보할 수 있었죠. 지금과 같은 생산 방식은 협력사와
노브랜드 모두 이익이 되는 구조예요. 중간 유통 과정을
생략해 생산 원가를 보장하면서도 가격을 낮출 수 있고,
중소업체는 비수기에 제조 라인이 멈추기 십상인데 가
동률을 높일 수 있으니까요."

노브랜드에 가면

생수가 있고 감자칩이 있고 닭꼬치가 있고 물티슈가 있다. 우리가 가장 자주 쓰고 먹고 입는
1500여 개의 아이템을 선정해 국내외 우수 제조 파트너사와 협업해 출시한 상품들은 '낮은 가격과
높은 퀄리티'라는 핵심 가치를 준수하며 스마트 컨슈머들의 팬덤을 이끌어내고 있다.

Fresh Food

제철 채소와 과일, 축산물과 수산물, 양곡 등
다채로운 식재료를 취급한다. 정육과 수산물은
손질한 후 팩에 담아 판매해 편리한 조리와 쇼핑
편의성을 높였다. 벌크bulk와 대용량 박스 대신
직접 디자인한 소형 박스와 팩pack, 낱개로
포장해 소량 구입이 가능하며, 유통 단계를 줄여
가격을 낮췄다. 50개 품목 내외로 운영하는 신선
식품은 이마트 직영 제조 센터인 미트센터를 통해
공급하며, 명확한 품질 기준에 따라 전국 어느
매장에서나 균일한 품질의 상품을 만날 수 있다.

헤크벽 디자인 숙명여대 주현지

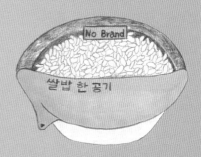

Frozen & Chilled Food

'숯불데리야끼 닭꼬치'의 인기가 보여주듯
노브랜드에는 오직 맛으로 명성을 얻은
냉동·냉장식품이 다양하다. 닭꼬치, 칠리새우,
멘보샤, 피자 등은 셰프의 요리를 가정으로 그대로
옮겨온 듯한 맛을 내면서도 조리법이 간편해
남녀노소 구분 없이 사랑받는다. 만두와 떡갈비,
치킨너겟 등 대표적인 간식부터 치즈케이크,
마카롱 같은 디저트, 급속 냉동 방식으로 재료의
신선한 풍미는 물론 식감까지 살린 육류 조리 식품
등은 건강까지 고려해 기존 간편식 이미지를 벗고
냉동·냉장식품의 맛과 품질을 높이고 있다.

Processed Food

노브랜드를 대표하는 상품군은 식품이다.
전체 상품의 절반가량을 차지하는 식품 중 즉석밥,
라면, 과자, 조미료, 장류, 음료 같은 가공식품은
노브랜드의 주요 인기 품목이다. 1000원
미만 제품을 쉽게 발견할 수 있을 만큼 가격이
저렴하지만, 품질과 맛은 제조업체 브랜드와
비교해 떨어지지 않는다. 노브랜드는 협력사와
제품을 기획하는 단계에서부터 원재료의 손실을
줄이는 가공법과 효과적인 생산 방식을 연구한다.
여기에 매장 효율화를 통해 절감한 비용이 상품
가격에 반영되면서 장바구니 물가에도 부담을
줄여준다.

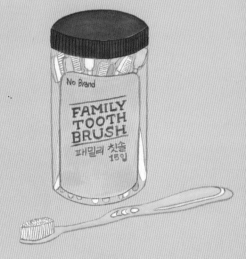

Beauty

제품 가격에서 큰 비중을 차지하는 마케팅과
홍보비를 빼고, 한국 시장에서 당연시하는 샘플
제공도 하지 않는다. 비싼 원료를 조금 넣어
소비자를 현혹하기보다 단순함에 초점을 맞춰
품목마다 가장 적합한 원료를 선정해 핵심 기능에
중점을 둔 베이식한 스킨케어 라인과 보디 케어,
메이크업 제품, 순한 성분을 사용한 키즈 라인
등 80여 종의 제품을 선보인다. 피부에 직접
사용하는 예민한 품목인 만큼 품질관리에 힘을
싣고자 글로벌 뷰티 시장에서도 독보적 제조
기술을 인정받고 있는 국내 기업 코스맥스,
한국콜마와 협업해 제품을 생산한다. 오랜 시간
구축해온 기술력과 생산 설비를 보유한 두 회사는
우수한 품질의 제품을 생산하는 것은 물론, 자동화
기술을 기반으로 효과적인 원가 절감을 이뤄낸다.
이로써 대부분의 제품을 소비자가 부담 없이
사용할 수 있도록 1만 원 내외로 판매한다.

Living Goods

프라이팬이나 가위, 칫솔걸이 등 주방과
욕실용품을 비롯해 가구와 조명 등 인테리어
소품과 자동차용품, 공구 등 일상의 편의를
돕는 다양한 제품군으로 구성된다. 노브랜드
리빙용품은 물건마다 고유의 기능만 남기고
장식성을 배제해 눈에 띄지 않는 심플한 디자인이
특징이다. 부담 없는 가격과 취향을 해치지 않는
적정선에 초점을 맞춰 어느 공간에나 자연스럽게
어울리며 실용적이다. 브랜드 초창기 화제가 된
'뚜껑 없는 변기 커버'처럼 신선한 아이디어로
가격을 파격적으로 낮추기도 하고, 매일 사용하는
치약과 칫솔, 사무실에서 많이 쓰는 종이컵 등은
제조사와 전략적 제휴를 맺어 품질은 높이고
가격은 낮춰 소비자에게 이익이 되는 기획력을
발휘한다.

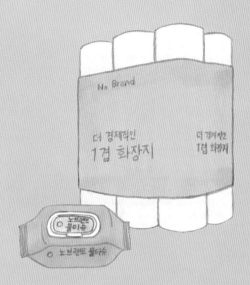

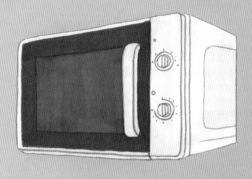

Daily Necessaries

화장지와 물티슈, 생리대, 기저귀 등의 제지와
각종 세제는 노브랜드의 일상용품으로 분류된다.
바닥이나 책상에 무언가를 흘렸을 때, 반려동물
배설물을 치울 때 '굳이 이 정도로 두꺼운
물티슈가 필요할까'라고 스치는 생각을 발상의
전환을 통해 제품화한 800원짜리 물티슈와
1겹 화장지는 세심한 기획력이 탄생시킨
노브랜드의 스테디셀러다. 노브랜드의 제지
제품은 사용자 환경에 따라 선택할 수 있는
범위가 넓다. 생필품이 된 물티슈는 기본 사양만
갖춘 일반용부터 고급 소재 사용과 천연 오일을
더한 아기용 등으로 세분화했다. 소재와 두께에
따라 가격에 차등을 두고, 플라스틱 캡 유무도
선택 가능하다. 재생지부터 천연 펄프까지
세분화한 화장지도 마찬가지다. 반복 구매하는
일상용품만큼은 다른 카테고리와 달리 유연하게
운영하며 높은 사양만을 고집하지 않는다.

Electrical Appliance

"가전제품은 구입한 날부터 중고다"라는 말이
있을 정도로 가전제품은 신기술과 신소재가
빠르게 도입되는 분야로, 잘 사용하지 않는 추가
기능에 원치 않게 비싼 값을 치르는 경우가 많다.
노브랜드는 꼭 필요한 기능만 탑재하고, 다운
그레이드를 통해 가격을 낮춘 제품으로 이런
흐름에 반기를 들었다. 디지털 버튼 대신 다이얼로
조작하고 해동과 데우기 등 핵심 기능만 담아 4만
9800원에 판매한 전자레인지가 대표 제품. 이후
토스터와 다리미, 커피메이커, 블렌더 등 생활
가전을 1만~2만 원대에, 32인치 HD TV를 19만
9000원에 내놓는 등 시중 가전제품 브랜드와는
다른 행보로 스마트한 실용주의를 전파하고 있다.

다다익선, 스테디셀러

2015년부터 현재까지 노브랜드에서 선보인 수천 가지 제품 중
브랜드의 정체성과 철학을 선명하게 드러낸 베스트 제품과 개발 스토리.

밀크초콜릿 & 다크초콜릿
제품 번호 N07 / N08
제조사 프랑스 나트라 생 에티엔
가격 980원
출시일 2015년 12월

'초저가 프리미엄'을 모토로 한 노브랜드 초콜릿은 태생부터 특별하다. 해외 박람회에서 찾은 70년 역사의 프랑스 초콜릿 전문 생산자 나트라 생 에티엔Natra Saint Etienne사와 손잡고 만든 초콜릿은 원료가 비싸지만 맛이 풍부한 카카오 버터를 사용하면서 980원이라는 놀라운 가격을 실현했다. 카카오 버터의 풍부하고 부드러운 맛과 기존 수입 초콜릿 대비 단맛을 줄인 밀크와 다크, 두 가지 초콜릿에 가장 열광한 것은 소비자였다. 소셜 미디어에 소비자들이 직접 올린 성분표와 맛, 가격 등이 화제가 되며 단번에 노브랜드의 대표 제품으로 등극했다. 출시 몇 년 후에 카카오 가격이 높아졌지만 나트라 생 에티엔사는 노브랜드와 처음 약속한 것을 지키기 위해 품질과 원료를 이전과 동일하게 유지하고 있다.

* 표시된 가격은
2021년 3월 노브랜드 전문점
판매가격 기준입니다.
내부 사정에 따라
다소 조정될 수 있습니다.

숯불데리야끼 닭꼬치
제품 번호 N435
제조사 태국 스카이 푸즈
가격 12,980원
출시일 2017년 11월

데리야끼 소스를 넉넉하게 바른 닭꼬치를 인공 숯불 향이 아닌 숯불에 직접 하나하나 구워내 불 맛을 입힌 노브랜드 숯불데리야끼 닭꼬치는 남녀노소 불문하고 마니아층이 두꺼운 인기 상품이다. 맛과 품질, 가격 모두 만족스러운 닭꼬치를 개발하기 위해 노브랜드가 찾은 곳은 세계 최대 닭꼬치 소비국인 일본으로 제품을 수출하는 태국 스카이 푸즈Sky Foods다. 2019년에는 우유, 생수 등의 생필품 부문을 꺾고 매출량 1위로 등극하며 한 해 180만 개가 판매됐다. 이런 인기에 힘입어 매운맛 닭꼬치와 근위 염통 꼬치에 이어 건강과 다이어트 트렌드를 반영한 닭가슴살 꼬치도 출시했다. 노브랜드는 PPL 등의 광고를 하지 않지만, 한 TV 프로그램에서 국가대표 골프 팀 박세리 감독이 숯불데리야끼 닭꼬치를 요리해 먹는 장면이 나오며 한동안 전국 품절 사태가 일어나기도 했다.

에어프라이어종이호일

제품 번호 B854

제조사 오리오

가격 19cm×60매 5,980원,
24cm×60매 6,780원

출시일 2019년 9월

1인 가구의 증가는 물론 건강하고 간편한 조리법이 주목받으면서 전 국민 필수 가전이 된 에어프라이어. 에어프라이어를 사용할 때마다 종이 포일을 잘라 사용해야 하는 불편함을 없애기 위해 아예 에어프라이어 용기 모양으로 출시한 제품으로, 에어프라이어 조리가 더욱 간편해졌다. 실리콘이 도포된 종이는 음식이 달라붙거나 타지 않아 에어프라이어뿐 아니라 프라이팬, 전자레인지, 오븐에도 사용할 수 있다. 지름 19cm와 24cm 두 종류로 출시해 더욱 실용적이다.

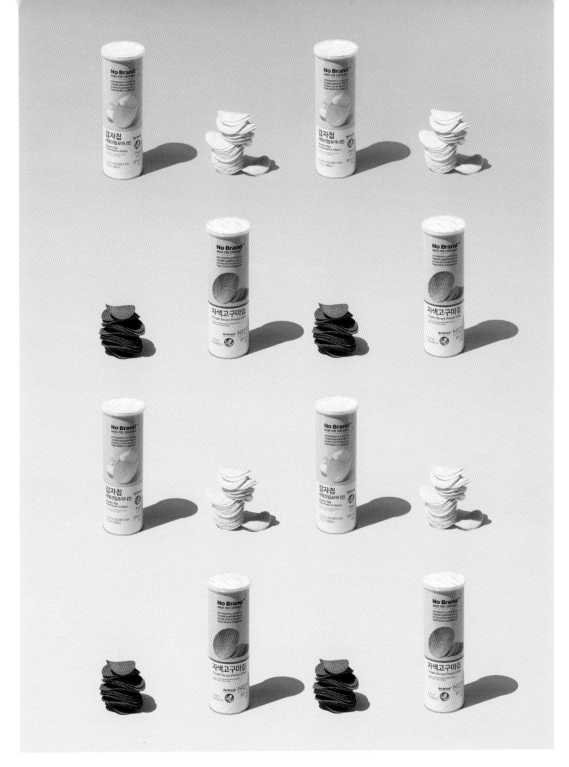

노브랜드 감자칩 3종
제품 번호 N01 / N61 / N127
제조사 말레이시아
킬랑 마카난 마미
가격 오리지널 890원, 사워크림 &
어니언 , 자색고구마칩 각 980원
출시일 2015년 12월

'감자칩 오리지널'은 노브랜드의 첫 번째 제품이다. 담백하고 고소한 맛과 바삭한 식감, 여기에 기존 원통형 감자칩 대비 3분의 1 가격으로 출시해 단 일주일 만에 최초 발주분이 완판되며 업계에 큰 반향을 일으켰다. 과자는 원가에서 재료비가 차지하는 금액은 낮지만 유통과 마케팅, 인건비 등과 포장재 비용이 컸다. 노브랜드는 불필요한 포장과 광고 없이 제품을 기획하고, 말레이시아의 스낵 제조 대표 회사인 킬랑 마카난 마미사와 손잡고 맛과 품질 대비 획기적인 가격의 제품을 선보였다. 노브랜드의 '절대 가성비' 정책을 알린 감자칩 오리지널이 큰 인기를 얻은 이후 감자칩 사워크림 & 어니언과 자색고구마칩을 출시했다. 이 감자칩 3종은 '노브랜드에서 꼭 구입해야 할 1순위 제품'이라 불리며 연간 100만 개 이상 팔리고 있다.

바스용품

제조사 우석

가격 바스대야 4,480원, 다용도 바구니 3,980원, 목욕 의자 4,980원, 양치컵 980원, 비누 케이스 1,380원

출시일 2017년 5월

바스대야와 다용도 바구니, 목욕 의자, 비누 케이스 등으로 구성한 바스용품은 정용진 부회장의 SNS에 등장해 화제를 모은 제품이다. 금형 개발부터 생산까지 가능한 우석이 협력사로 참여해 디자인, 색상, 크기 등 전개발 과정을 함께 진행했다. 군더더기 없는 심플한 디자인에 연한 그레이 컬러를 사용해 어떤 공간에서도 잘 어우러지며 손잡이와 물 빠짐 구멍 등의 기능을 더해 사용의 편리성을 높였다. 바스대야는 아이 장난감을 세척할 때 사용하기 좋고, 다용도 바구니는 목욕 바구니나 주방 식품 정리함으로 활용할 수 있다. 목욕 의자는 높이가 적당해 온 가족이 사용하기에 제격!

에센스가득 하루한장 마스크팩
제품 번호 B513
제조사 한국 코스맥스
가격 8,800원
출시일 2017년 5월

'에센스가득 하루한장 마스크팩'은 브랜드 네임과 상관없이 자신에게 맞는 제품을 찾고자 노력하는 요즘 뷰티 트렌드에 부합하는 노브랜드의 대표적 뷰티 아이템이다. ODM(Original Development Manufacturing, 제조업자 개발 생산) 분야 글로벌 1위 기업인 코스맥스와 협업해 생산했으며, 코스맥스의 자동화 기술로 원가를 대폭 낮췄다. 마스크의 기본 목적인 보습에 충실한 이 제품은 네 가지 오일을 블렌딩한 에센스가 듬뿍 담겨 있으며 밀착력이 우수한 텐셀 원단을 사용했다. 얼굴 전체를 골고루 촉촉하게 해주며 자극 없이, 부담 없이 자주 사용할 수 있는 뷰티 아이템으로 꾸준히 판매되고 있다.

미네랄워터

제품 번호 N82
제조사 한국 화인바이오
가격 1,980원(2L×6병)
출시일 2016년 5월

노브랜드 생수는 국내 청정 지역인 지리산국립공원 주변 지역에서 취수한다. 사계절 강수량이 많고 깨끗한 자연을 품은 이곳은 노브랜드가 론칭하던 시점, 새롭게 생수업계에 뛰어든 화인바이오가 개발한 수원지다. 화인바이오는 맑은 지리산 자락이 제공하는 천연자원의 혜택과 최신식 설비를 갖추고 지하 500m 암반에서 1일 2370톤의 원수를 뽑아 필터링과 UV 살균을 거쳐 병에 담는다. 각종 검사에서 안전성이 입증된 노브랜드 미네랄워터는 미네랄 함량이 높고 뒷맛이 깨끗하다. 무엇보다 2L 대용량임에도 시중에 판매하는 500mL 생수 한 병보다 값이 저렴해 '선택하지 않을 이유가 없는 제품'이라 평가받고 있다.

유기농사과착즙주스 3L

제품 번호 N743
제조사 프랑스 인노보
가격 12,800원
출시일 2020년 1월

집에 머무는 시간이 많은 요즘 주스, 우유 등 대용량 음료에 대한 소비자의 니즈가 높다. 노브랜드 유기농착즙주스는 3L 대용량으로 가정은 물론 사무실에 비치해두고 먹거나 홈 파티를 할 때 유용한 제품이다. 해외 생산업체 중 대용량 패키지 생산이 가능한 업체를 찾아 고품질, 합리적 가격이란 원칙을 맞췄으며 유기농 사과와 오렌지를 원료로 하고 설탕을 첨가하지 않아 온 가족이 안심하고 마실 수 있다. 내용물이 흐르지 않는 파우치 형태라 냉장고에 세워서 보관할 수 있고, 따라 마시기 쉽게 하단에 투입구를 배치했다.

디자인
하지 않고
디자인하기

글 전은경

월간 〈디자인〉 기자, 편집장을 거쳐 디렉터를 맡고 있다. 17년간 디자인 전문 기자로 일하며 국내외 디자이너와 경영인, 마케터 등을 인터뷰하고 다양한 디자인 프로젝트, 세계적인 디자인 이벤트, 디자인 트렌드에 관한 기사를 쓰고 기획했다. 서울디자인페스티벌, 아우디 디자인 챌린지의 디렉터로 참여했으며 iF 어워드, 다이슨 어워드 심사위원 등을 지냈다. 일과 삶을 새롭게 디자인하고 싶은 사람들을 위한 콘텐츠 〈워크 디자인〉을 론칭하기도 했다

많은 물건을 사들이는 게 풍요로운 삶이라는 생각이 점점 사라지고 있다. 끊임없는 소유욕이 경험 가치에 대한 추구로 상당 부분 전환되었다고 보는 게 맞을 것이다. 그리고 이에 동의하는 사람이 점점 늘고 있다. 그렇다면 이제 우리에겐 어떤 상품과 서비스가 필요할까? 물건이 없어 만들어내던 시대를 지나 모든 게 흥청망청 넘쳐나는 시대에 '필요한' 물건은 어떤 가치와 매력이 있어야 할까? "더 나은 제품을 선택함으로써 더 적게 소비하고 더 오래 소유하는 라이프스타일을 제안한다"라고 한 에릭 옐스마 디트로이트 데님 컴퍼니 대표의 말은 이 물음에 힌트를 준다. 이제 우리에게 필요한 것은 더 나은 경험을 주는 좋은 물건과 서비스이지, 더 많은 물건이 아닌 것만은 확실하다.

한편 무엇을 새롭게 디자인하는 것보다 디자인하지 않는 것이 더 고도의 테크닉이 되었다. 디자인하지 않는 디자이너를 자처하는 이들도 등장하기 시작했다. '롱 라이프 디자인'을 발견하고 널리 알리는 활동을 하고 있는 나가오카 겐메이가 대표적이다. 그는 본래 좋은 제품이지만 홍수처럼 쏟아지는 신상품에 묻힌 것을 먼지만 털어 다시 한번 소비자들의 주목을 받게 돕는 일을 한다고 설명한다. 즉 새로운 물건을 디자인하기보다는 시간이 증명한 좋은 물건, 롱 라이프 디자인을 선별하는 역할을 하겠다는 것이다. 디자인과 디자이너의 역할에 본질적인 물음을 던지는 듯하다.

마르티 귀세처럼 물건을 싫어하는 '상업 디자이너'이자 소비 중심 사회의 변수가 되고자 노력하는 '전직 디자이너(ex-designer)'도 있다. 그가 스페인의 슈즈 브랜드 캠퍼의 크리에이티브 디렉터를 맡았을 때는 "구입하지 마, 만약 당신에게 필요하지 않다면(If you don't need it, don't buy it)"이라는 캠페인을 진행해, 굳이 필요하지 않은 것을 사들이는 이들에게 한마디 하기도 했다. 디자인이 계획적 진부화를 위한 마케팅 협력자, 제품의 부가가치를 높이는 기술처럼 이해되던 때도 있었다. "디자인은 문제를 만드는 게 아니라 해결해야 하는데, 요즘엔 문제를 만드는 디자인이 많다"라고 한 디터 람스의 말도 쉽게 흘려버리기 어렵다. 너무 많은 것이 넘쳐나는 시대에는 안 하겠다고 하는 것이 더 많아져야 할 것 같다.

그런 측면에서 2015년, 브랜드가 아니라고, 디자인을 안 하겠다며 등장한 노브랜드는 좀 유별났다. 노브랜드의 가장 큰 경쟁력은 가격이다. 상품 본질의 기능만 남기고 포장 디자인은 물론 이름까지 없앰으로써 같은 상품군 대비 최대 67%까지 저렴한 가격 책정이 가능했다. 하지만 단순히 '싸다'는 이유만으로 요즘처럼 합리적이고 스마트한 소비자들의 관심을 끌 순 없다. 여기에는 브랜드가 아니라고 선언하는 브랜딩과 디자인마저도 하지 않은 디자인으로 소비자에게 그 정체성과 의미를 각인시킨 전략이 유효했다. 노란색 바탕에 검은색으로 'No Brand'라고 쓴 심플한 디자인을 일관되게 적용해 품질과 성능에 무관한 비용은 모두 줄였음을 대대적으로 나타낸 것이다. 이러한 디자인하지 않기 전략은 매장에서도 확인할 수 있다. 박스 자체를 진열대로 사용한 실용적인 디자인 싱킹은 노브랜드의 지향점이 어디에 있는지를 다시 한번 확인시킨다. 결과적으로 이는 계속되는 경기 침체 속에서 주머니는 가볍지만 싸구려는 구입하고 싶지 않은 소비자에게 새로운 대안이 되기에 충분했다. 이처럼 이름도, 디자인도 버리고 꼭 필요한 기능만 남겨 오직 합리적인 가격만 이루어내겠다고 주장하는 노브랜드가 얻은 것은 영리하게도 '브랜드'다. 소비자가 구매하는 것은 저렴한 가격에 적당한 품질의 제품이 아닌 '노브랜드라는 브랜드'이기 때문이다.

자기표현주의
시대의
의미 소비

글 송길영

사람의 마음을 캐는 마인드 마이너mind miner다. 수많은 사람들의 일상적 기록이 담겨 있는 소셜 빅데이터에서 인간의 마음을 읽고 해석하는 일을 수년째 해오고 있다. 나아가 여기에서 얻은 다양한 이해를 여러 영역에 전달하는 작업을 진행 중이다.

팬데믹의 충격은 우리에게 일상의 기록과 공유가 특정인이 아닌 누구에게나 상시적으로 이루어지는 변화를 안겨주었다. 풀어서 이야기하면 가는 곳마다 QR코드로 자신의 방문을 알리고, 확진의 불운이 다가오는 순간 대중에게 자신의 동선이 공개되는 상황을 각오해야 한다는 것이다. 여기에 5인 이상 집합 금지나 10시 이후 영업 금지 같은 세세한 규칙이 추가되면서 어느덧 개인뿐 아니라 집단의 생활 패턴마저 규정되거나 관리되는 방향으로 흐르고 있다. 민감해진 사람들은 자신의 생활을 돌아봄과 동시에 자신의 준수율에 비례해 타자의 삶에도 엄격함을 요구하게 되었다.

하지만 자신을 드러내는 행위가 이처럼 스트레스를 받는 일만은 아닌 것이, PC 통신에서 시작된 나의 공개된 자아가 싸이월드와 트위터, 페이스북을 거쳐 인스타그램과 클럽하우스를 지나 이제 메타버스로 향하고 있기 때문에 그리 낯설지만은 않게 되었기 때문이다. '건너 마을 최진사댁 셋째 딸'로 특정할 수 있었던 작은 사회를 수십억 인구가 4단계도 안 되어 연결되도록 하는 데 걸린 시간이 100년이 채 되지 않으며 그사이 인류가 겪게 된 현기증은 필연적이라 볼 수 있다. 이제는 이 모든 것이 상호 간에 연결되거나 분리되며 다중적 자아를 관리하는 방법 자체가 자신의 표현을 위한 최소한의 요건이 되는 상황으로 진화하고 있다. 일상적 기록인 소셜 미디어를 통해 자신의 관심사와 삶을 보여주는 행위를 나는 '자기표현주의(self-expressionism)'라 정의한다. 이러한 자기표현주의는 라이프스타일을 공개함으로써 자신의 의지와 관심을 표현해 사회에 신호를 보내는 행위라고 할 수 있다.

플로깅plogging이 요즘 주목받고 있다. 시사 상식 사전에 의하면 "이삭을 줍는다는 뜻의 스웨덴어 'plocka upp'과 영어 단어 'jogging'의 합성어로, 조깅하면서 쓰레기를 줍는 행동"을 뜻한다. 만약 누군가의 인스타그램에 #플로깅이라는 해시태그가 매일의 기록과 함께 나타난다면 (1) 나는 건강을 챙기기 위해 뛰는 사람이다, (2) 나는 지구의 환경 보호에 대해 관심을 가질 뿐 아니라 실천하는 사람이다, (3) 매일같이 꾸준히 뛰는 것은 나의 성실함의 증거이다, (4) 나는 '플로깅'이라는 트렌디한 키워드를 알고 있다 같은 다층적 신호를 사회에 보내는 행위의 총집합이라고 볼 수 있다. 이들의 삶에서 일상적 구매 행위는 브랜드 가치에 대한 동조로, 자신이 선택한 콘텐츠의 수용은 지적 취향에 대한 선언이며, 특정인에 대한 지원과 동의의 팔로우 행위는 사회적 연대에 대한 증명으로 타인에게 인식된다. 이런 행위에 대한 종합적 이해는 당사자에 대한 사회적·문화적 자본의 집약체로 작용할 수 있기에 단편적 서술인 자기소개서보다 더욱 풍부한 이해의 도구로 쓰일 수 있다. 개인이 공개한 라이프스타일이 그 사람을 설명하는 의미 있는 데이터가 될 것이란 얘기다.

이러한 시대에 브랜드는 어떻게 인식될까? 의류 산업을 예로 들면 산업혁명과 화학 산업의 발전을 거치며 대량생산 방법이 개발되었고, 글로벌 협업과 인공지능까지 추가된 현재 다품종 소량 생산의 자동화까지 이뤄냈다. 누구나 품질 좋고 저렴한 옷을 구할 수 있는 세상이 온 것이다. 그러다 보니 브랜드의 표식이 품질의 징표나 보증의 의미와 같은 기능만 해서는 살아남기 어려워진다. 인스타그램에서 #Supreme을 검색해보면 기발한 컬래버레이션이 수없이 많다. 루이 비통이나 나이키, 노스페이스 같은 패션 브랜드와의 협업은 기본이고 밴드 에이드와 인스탁스 필름뿐 아니라 일회용 비닐 백인 지퍼락을 넘어 심지어 오레오와 함께 빨간색 쿠키를 만들어내기까지 한다. 이쯤 되면 로고를 파는 것이 본업이 된 듯하다. 이 모든 것은 슈프림의 독립적인 비주류의 정서를 전달하는 로고의 힘으로, 나는 이를 '의미 소비'라 정의하고 싶다.

몇 차례에 걸친 산업의 혁명이라 불리는 혁신은 질 좋은 상품의 보편적 제공이라는 인류의 꿈을 이뤄냈고 사람들은 더더욱 물성보다 의미를 원하기 시작했다. 자신의 일상을 기록하는 소셜 미디어 속에서 각자가 지니고 있는 물건 하나하나의 의미가 나에 대한 이미지를 형성하게 된 '자기표현주의' 세상에서 우리는 이제 브랜드에게 어떤 '의미'를 갖고 있는지 묻기 시작한 것이다.

소비자
스스로
공급자가 되는
새로운 시장

글 김은령
디자인하우스에서 발행하는 월간지 〈행복이 가득한 집〉과 〈럭셔리〉 편집장을 거쳐 부사장을 맡고 있다.
〈밥보다 책〉 〈Luxury Is〉 〈비즈라이팅〉 등의 책을 썼고 〈침묵의 봄〉 〈나는 풍요로웠고 지구는 달라졌다〉
〈아버지의 사과편지〉 〈패스트푸드의 제국〉 등 30여 권을 번역했다. 이화여자대학교에서 영문학을 전공했
고 동 대학원에서 언론학 석사 학위를 받았다.

요란한 디자인의 밑창 두툼한 스니커즈 한 켤레가 100만 원쯤 된다는 이야기에 세상이 어떻게 돌아가느냐고 혀를 찬다면, 다시 생각해볼 일이다. 나이키 에어 디올 조던 같은 스니커즈는 1000만 원이 넘는 금액으로 거래되기도 하니까. 원하는 물건을 손에 넣기 위해 줄을 서거나 추첨까지 하는 래플raffle과 자신이 소유한 것을 다른 사람에게 되파는 리세일resale이 연결되어 만들어낸 풍경. 제조사가 책정한 가격이나 유통 플랫폼은 출시 때 영향력을 발휘할 뿐, 그 후로는 소비자 스스로 공급자가 되어 가치와 가격을 책정해 유통하는 새로운 시장이 만들어진다. 어느새 '스니커즈'는 그냥 발 편한 운동화가 아니라 새로운 경제와 소비 시스템에 대한 은유가 되었다.

소유보다는 경험에 가치를 두는 사람이 많아지면서 무언가를 사고 사용하는 일이 달라지고 있다. 비싼 것, 희귀한 것, 독특한 것을 추구하는 데 있어 '통째로 사는 것' 이외에 다른 해결책이 존재하게 되었다. 벤츠나 BMW? 고급 자동차 여러 대를 바꿔가며 구독하는 서비스가 나온 건 오래전이다. 미술관에나 걸려 있던 유명 작가의 그림? 펀드를 만들어 많은 사람과 조금씩 나누어 소유한다면 나도 컬렉터가 될 수 있다. 샤넬 핸드백? 들고 다니는 동안 가격이 오르니 재테크 수단 삼아 구매하기도 한다. 그렇다고 모든 사람이 럭셔리 제품만 갈망하는 것은 아니다. "장인이 한땀 한땀 만든"이라는 말에 혹해 지갑을 여는 것도 이제 옛날이야기다. 마음에 든다면 로봇이 한땀 한땀 뜨거나 3D 프린터가 한 층씩 쌓아 올려 만들었다고 해서 그 가치가 줄어드는 것은 아닐 테니까.

물건이나 서비스 구매에 있어 가격이라는 문제를 해결할 수많은 방법이 등장하다 보니 이제 액면가보다는 그 아래에 숨어 있는 가치가 중요해지고 있다. 기본적인 기능과 내구성을 갖춘 물건이 셀 수 없이 많은 시장에서 선택과 결정의 기준이 되는 것은 매력이다. '매력'처럼 애매모호한 단어가 없다 보니 간단하게 정의 내릴 수는 없지만, 그게 무엇인지 그냥 보면 대번에 알 수 있다. 단순한 호감을 넘어 나를 추종자로 만드는 힘, 서로를 위해 존재하는 것으로 느끼게 해주는 심정적인 유대. 친구의 외제 자동차에 사고를 내서 수리비를 물어야 한다고 고백한 래퍼가 만든 티셔츠는 '플렉스' 유행과 맞물리며 10억 원 넘는 매출을 올렸다. 가능하면 새로 사 입지 말라고, 옷을 수선해주겠다고 약속한 파타고니아의 대담한 캠페인은 이 회사에서 만드는 투박한 옷조차 매끈하게 보이도록 만들었다. 스케이트보드 문화 속에서 태어난 스트리트 패션 브랜드 슈프림은 DNA에 충실한 제품과 태도로 '보더들의 루이 비통'이라 불리더니 루이 비통과 협업을 하기도 했다. 기업이건 브랜드건 유명인이건, 이제 매력이 제일 중요한 실력인 것이다.

그래서 다들 매력적으로 보이기 위한 치장에 나선다. 겉모습을 화려하게 꾸미고 이름을 빌리고 실제와 상관없는 이야기를 지어낸다. 각종 소셜 미디어를 통해 모든 것이 순식간에 공개되고 공유되는 상황에서 한 사람을 오래 속이거나 많은 사람을 잠시 속이는 것은 가능하겠지만 모든 사람을 오래 속일 수는 없다. 가짜 자아나 가짜 철학으로 매력을 발휘할 수는 없기에 자신의 DNA를 알고 더 나은 내가 되는 수밖에 없다. 도덕성을 갖추고 다양성의 가치를 인식하며 사회적 책임에서 벗어나지 않으면서 누구에게 사랑을 받고 어느 층을 대변할지 정확히 알아야 하니 공급자나 제조자는 이전에 경험하지 못한 도전을 만나게 된다.

기능적이면서도 단순한 디자인의 옷과 생활용품을 선보이는 마거릿 호웰Magaret Howell은 "나는 그저 몇 가지만 좋아한다"라고 말했다. 자라 티셔츠를 입고 구찌 가방을 들거나, 컵라면으로 점심을 먹은 후 그 몇 배 가격의 커피를 마시는 것이 별로 이상하지 않은 일이 되었다. 비싸고 좋은 것이 있고, 비싸고 별로 좋지 않은 것이나 싸고 좋지 않은 것도 존재하며, 싸고 좋은 것 역시 나름의 자리를 차지하는, 수없이 다양한 소비의 층위가 존재한다. 이제 우리는 모든 걸 다 갖기 위해 힘들게 욕망의 피라미드 꼭대기에 올라가려고 애쓰는 대신 자신이 좋아하는 몇 가지에 아낌없이 투자하고 나머지는 적절한 가격과 기능을 갖춘 것으로 유연하게 행복해지는 방법을 찾는다. 좋은 것을 찾는 삶이 아니라 좋아하는 것을 찾는 삶으로의 전환이 본격적으로 시작된 것이다.

비즈니스는
어떻게 사회 생태계와
연결되는가?

로컬과 글로벌,
전통 시장과 제조업체의
상생과 공존,
지속 가능을 위한 노력

MORE IS MORE

산업 디자이너

최중호

공존하거나,
공유하거나

최근 공유 주거에 대한 관심이 급속도로 증가했다.
그런데 공유 주거에 대해 논할 때 최중호 디자이너를 빼놓고는 지금의 맥락을 100% 이해하기 어렵다.
가장 작은 단위에서 시작해 큰 단위로 디자인을 넓혀가는 그는 소비자와 공급자 사이에서
효율적 커스터마이징을 도출하며 자신만의 스타일을 담은 공유 주거 솔루션을 제안한다.

논현동에 위치한 최중호스튜디오. 화이트로 꾸민 담백한 공간에 가전제품은 스며들고 가구는 포인트 요소가 된다.
제품 디자인에서 출발했지만 가구, 공간까지 작업의 범위를 확장해나간 결과 유일무이한 자신만의 스타일을 만들어냈다.

LOUNGE MAP
/

1. THE SQUARE
2. KITCHEN
3. STUDY RM
4. MEETING RM
5. FITNESS RM
6. AUDITORIUM
7. PLAY ZONE
8.

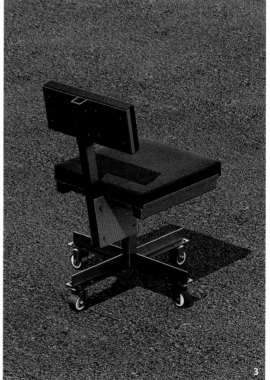

사적인 공간인 집이 공유의 공간으로 떠오른 시점. 자기 삶을 지킴과 동시에 타인의 삶을 받아들일 수 있는 것은 공존에 대한 확고한 신념이 있을 때 가능하다. 가치관과 취향이 분명한 밀레니얼 젠지 세대는 옷과 자동차가 자기표현의 수단인 것처럼 집도 자신의 삶과 철학을 대변하는 공간으로 여긴다. 내 마음대로 쓸 수 있지만 내 것은 아닌 것, 이것이 요즘의 공유 방식이다. 이들은 외적인 아름다움보다도 그곳에 모이는 사람들과 그곳에서 벌어지는 일에 집중한다. 공유 주거의 대표적 사례로 꼽는 에피소드 성수와 신영 지웰홈스는 모두 최중호스튜디오에서 디자인과 설계를 맡았다.

"기존에는 주택을 보러 온 사람에게 방을 하나만 보여주면 됐어요. 구조나 내부 인테리어가 모두 똑같으니까요. 하지만 처음 임대주택에 입주하는 사람은 대개 자신이 어떤 라이프 패턴을 추구하는지 알지 못해요. 살면서 깨닫게 되죠. 창가를 좋아하는 사람, PC를 장시간 편안하게 쓰길 원하는 사람, 사람 만나는 걸 좋아하는 사람 등등. 저는 그들에게 다양한 옵션을 줘야 한다고 생각해요. 자신의 라이프 패턴을 발견하면 그에 맞춰 공간을 변형할 수 있도록 브랜드가 시스템을 제공해야 합니다."

공간 타입이 다양하면 소비자에게는 좋지만 공급자에게는 비용 부담이 된다. 디자이너로서 공급자와 소비자 모두를 위한 아이디어를 내야 하는 그는 효율적 커스터마이징의 일환으로 이케아 해킹 시스템을 고안해냈다. 주거 공간 곳곳에 저렴한 이케아 부품을 활용해 부품과 가구 요소를 호환하는 방식이다. 그로 인해 내부 시공과 인건비가 줄면 임대료를 줄일 수 있다는 생각이었다. 이케아부터 헤이, 레어로우, 자신이 디자인한 가구까지 사용자의 개성과 취향에 맞춰 빌릴 수 있는 가구 렌털 서비스도 도입하고, 주거 공간에서 해결할 수 없는 기능은 공유 공간에서 제공한다. 친구들과 식사도 하고, 게임도 하고, 영화도 보고, 공부도 할 수 있는 다양한 공간을 구성한 것. 주거 공간과는 완전히 다른 분위기인 데다 각각의 공간이 아닌 하나의 융합된 공간으로 연결되어 자유롭게 활용한다.

에피소드 성수가 공유 주거에 대한 다양한 개념을 실험한 이상적 모델이라면 신영 지웰홈스는 보다 현실적인 방안을 담은 프로젝트다. 주거 공간에는 강관 파이프를 설치하고 철물점에서 구입한 고리를 달아 사용자가 기능이나 취향을 더할 수 있는 여지를

디자이너 최중호

건국대학교에서 제품 디자인을 전공했으며, 대학교 3학년 때 만든 디자인 그룹 아이디얼그라피의 아트 디렉터로 이름을 알리기 시작했다. 졸업 후 독립 스튜디오를 운영하며 제품 양산 시스템을 제대로 배워볼 필요를 느낀 그는 팬택에 입사해 2년간 디자이너로 일했다. 그때의 경험으로 가구를 만들기 시작했고, 인테리어 디자인까지 활동 범위를 넓혔다. 보버라운지, 샤누, 알렉스72 호텔 레스토랑 등의 공간 프로젝트로 많은 사람들에게 알려졌으며 3M, 아메리칸 스탠다드, 코웨이, 삼성, LG 등 굵직한 기업의 파트너로 일하며 다양한 제품을 디자인했다. 최근에는 공유 주거 프로젝트로 화제를 모았다. www.joonghochoi.com

1 스트리트 패션 콘셉트로 연출한 신영 지웰홈스의 공용 공간. 공용부와 공공시설을 마음대로 쓸 수 있지만 내 것은 아니라는 점에서 일맥상통한다고 보고 이것을 디자인 모티프로 삼았다. 각 공간은 오픈 플랜 구성으로 연결해 커뮤니티를 일으키기에 최적의 공간으로 기능한다.
2 직접 디자인한 가구의 프로토타입을 비롯해 각종 샘플을 보관한 머티리얼 룸은 그 자체로도 신선한 영감을 준다.
3 메탈 프레임과 디테일이 돋보이는 코비 체어. 레스토랑 배터리 파크를 작업할 때 디자인했다.
4 에피소드 성수는 이케아 하드웨어를 응용한 제작 가구로 MZ세대의 유니크한 감성을 담았다. 세면대를 욕실 바깥쪽에 배치해 화장대로도 활용할 수 있게 한 아이디어가 돋보인다.

남겨 두었고, 공유 공간은 단절의 느낌을 없애면서 거리 요소를 끌어들여 스트리트 패션 코드를 담았다. 취향이 담긴 공간에 스타일이 있는 사람들이 모여들기 시작했고 자연스레 커뮤니티가 생겨났다. 신영 지웰홈스는 공간뿐만 아니라 웹사이트 디자인과 콘텐츠 제작에도 참여했다. 그 안에 담긴 메시지를 사용자에게 명확하고 일관되게 전달하기 위해서다.

"저는 제품 디자인이 기반이라 소비자가 실제 사용하는 것에서부터 시작해요. 디자인이 작은 단위에서 큰 단위를 향해가는 거죠. 사용자 중심에서 접근하다 보니 주거의 외곽을 먼저 정리하고 거기에 맞춰 건축을 진행합니다."

디자이너는 제품에 합리적 가격을 책정하는 것을 중요시하고, 필요 없는 부분을 소비자 부담으로 가중시키는 것에 대해 책임감을 느낀다. 그런 면에서 주거 공간은 디자인을 완성하면 몇백 세대가 지어지는 것이기 때문에 제품 디자인의 양산과도 비슷한 원리라고. 대형 건설사와는 상반된 관점이다.

"요즘 지속 가능성에 대한 이슈가 중요한 시대잖아요. 소재와 가공에서 해결 방안을 찾을 수도 있지만 기존에 만든 것을 오래 잘 쓸 수 있게 하는 것도 지속 가능한 디자인으로 볼 수 있어요. 사용자가 살면서 자기에게 맞게끔 공간을 변형할 수 있도록 다양한 옵션과 선택권을 준다면 같은 공간도 더 효율적으로 사용할 수 있고, 자신의 스타일을 담을 수도 있어요. 그곳에 사는 사람이 바뀌면 리뉴얼을 해야 하는 게 아니라, 사람이 바뀌면 그 자체로 리뉴얼되는 거라고 생각합니다."

제품부터 가구, 공간까지 전천후로 디자인하는 그는 이제 건축과 공간, 브랜딩, 제품 디자인까지 모두 다루는 멀티 스튜디오를 운영한다. 브랜드에서도 디자인 의뢰를 할 때 특정한 한 분야만을 원하지 않는다. 코로나19 발생 이후 빠르게 변해가는 라이프스타일에 발맞춰 다양한 관점에서의 제품 개발이 필요하기 때문이다. 공유 주거, 1인 가구가 늘어나면서 다양한 공간에서 사용할 수 있도록 모듈형으로 제작하거나, 하나의 제품에 멀티 기능을 부여하는 것도 이러한 이유에서다.

"디자인은 대중이 열광하는 관점도 중요해요. 다만 거기에 제 자신의 성향과 스타일이 배제되어 있다면 새로운 디자인과 도전은 어렵다고 생각해요. 그래서 요즘은 객관적인 시각으로 저의 삶을 되돌아보며 제가 잘할 수 있고 좋아하는 것을 끄집어내서 프로젝트에 적절히 녹이는 작업을 중요하게 여기고 있습니다."

최중호 디자이너는 삶에서 필요한 행동들을 공통점이 있는 것끼리 묶어서 시간을 합리적으로 소비한다. 식사하면서 시장조사를 하거나 리서치가 필요한 공간에서 지인들과 시간을 보내는 식이다. 직원들과의 아이디어 회의도 마찬가지. 식사나 간식 타임에도 자유롭게 아이디어를 나눌 수 있도록 미팅룸에는 물과 음료, 노브랜드의 대용량 간식이 비치되어 있다.

" 이케아 해킹 시스템이 사용자의 라이프를 실현하면서도 내부 시공을 줄이고 인건비를 낮춰 임대료도 낮출 수 있는 장치가 되길 바랐어요. 노브랜드가 추구하는 맥락도 이와 같지 않을까요? 그래서 노브랜드가 지닌 철학을 소비자에게 더 명확히 알려준다면 좋겠어요. '노브랜드No Brand'라는 단어가 가진 힘이 굉장히 강렬하니 이를 더 정제된 디자인 언어로, 어쩌면 지금보다 더 덜어내서 아무것도 담지 않은 디자인으로 임팩트를 주는 것도 하나의 방법이겠죠. 웹사이트나 공간 연출을 함께 해봐도 아주 재미있는 작업이 될 것 같아요. "

박길종

정해진 규칙과 스타일은 없다

●

디자이너이자 목수, 아티스트. 혹은 그 사이 어디쯤. 21세기 판 윌리엄 모리스를 연상케 하는
박길종 디자이너는 의뢰인이 필요로 하는 것을 자신만의 스타일로 만드는 1세대 xs메이커의 대표 주자다.
매 순간 새롭게 펼쳐지는 그의 작업은 의뢰인이 자신을 찾은 그 '이유'에서 출발한다.
이곳 을지로에서 그만의 방식으로.

나무 합판으로 벽을 세우고 장식적인 소파를 더해 복고풍으로 꾸민 사무실. 박길종 디자이너는
오늘날 쉽게 접하기 어려운 옛 소재와 기법에서 아름다움을 느낀다.

'살아오면서 배우고 느끼고 겪어온 모든 것을 이용해서 다른 사람에게 필요한 물건이나 인력, 그 외에 도움을 줄 수 있는 부분에 대해 적절한 금액을 받아 지속적으로 운영해나가는 곳'. 이렇게 간단명료하고 솔직 담백한 소개가 다 있나. 하지만 실제로 그를 만난다면 저 말에 담긴 진솔함에 고개를 끄덕이게 될 것이다.

2010년 12월, 자신의 이름 '길종'과 '상가'를 붙여 소규모 독립 스튜디오 길종상가를 연 그는 지난 10년간 상업 공간과 미술관의 문턱을 넘나들며 어느 한쪽에 치우치지 않고 다양한 작업을 펼쳐왔다. 갤러리나 미술계에서 의뢰가 들어올 땐 아티스트로, 상업 공간 프로젝트를 진행할 땐 디자이너로, 들어오는 일의 성격에 따라 달라지는 그의 작업은 기성복이 아니라 오히려 맞춤복에 가깝다. 매번 새로운 스타일을 구현하는 그 힘은 어디에서 나오는 걸까?

"영감이 어느 한순간 딱 떠오르는 게 아니니까 늘 생활하면서 모든 걸 주의 깊게 살펴보는 편이에요. 그리고 작업 의뢰가 들어오면 저를 찾아온 이유에서 답을 구하려고 해요. 분명 저에게 작업을 맡기는 이유가 있을 테니 그에 걸맞게 하려고 합니다."

그의 대표작 하면 에르메스 쇼윈도 디스플레이를 빼놓을 수 없다. 신선한 영감으로 가득한 쇼윈도는 프랑스 본사에서 제시한 테마를 그의 시선으로 재해석한 것. 2015년 신라호텔점을 필두로 롯데월드타워점(2016~), 갤러리아점(2019~)의 쇼윈도 디스플레이를 맡고 있는데, 세 달을 주기로 쇼윈도 디스플레이를 교체하니 이들 매장의 사계절을 책임지는 셈이다. 올해는 '에르메스: 휴먼 오디세이(Hermès: A Human Odyssey)'를 주제로 인간의 발자취이자 역사, 모험에 관한 스토리를 담았다. 2019 서울리빙디자인페어에서는 코렐과 협업해 1900년대의 주방과 식문화를 담은 뉴트로 콘셉트의 전시관을 선보였다. 펠트 가구 위에 뻥튀기처럼 거대하게 만든 코렐 접시 모형을 설치하며 코렐의 히스토리를 흥미롭게 풀어낸 점이 특징. 또 최근에는 쌀술을 빚는 양조장이자 주점인 '뒷동산'의 인테리어를 맡았는데 '겉바속촉'처럼 안팎에 완전히 다른 콘셉트가 펼쳐진

디자이너 박길종

서양화를 전공한 후 프로젝트 팀에서 설치 작업을 하고 목공소에서 아르바이트하며 쌓은 다양한 경험을 살려 메이커 스튜디오인 길종상가를 오픈했다. xs메이커 중에서도 1세대라 할 수 있는 그는 기성 가구 일변도였던 가구업계에 새로운 활력을 불어넣었다. 2015년부터 에르메스 쇼윈도 디스플레이 작업을 진행했으며, 다양한 프로젝트를 통해 매번 새로운 아이덴티티를 만들어가는 중이다.
www.bellroad.1px.kr

1 을지로4가에 비밀스럽게 자리한 길종상가에는 그간 작업해온 설치물과 새롭게 제작한 가구가 곳곳에 놓여 있다. 카트 위의 포스터 함은 디자인 출력물과 포스터를 수집하는 애호가가 특별히 의뢰해 만든 맞춤 가구다.
2 〈모두를 위한 미술관, 개를 위한 미술관〉 전시를 위해 지관통으로 만든 상품 매대 겸 안내 데스크. 환경에 미치는 피해를 줄이기 위해 가급적 재활용 소재를 사용했다.
3 에르메스 롯데월드타워점의 2020년 겨울 쇼윈도 디스플레이. '함께하는 즐거운 세상'을 테마로 경쾌하고 따스한 분위기를 담아냈다.
©사진 김상태, 에르메스 코리아 제공

다. 알록달록한 컬러로 뒷동산을 표현한 외관을 보고 내부로 들어가면 나무로 꾸민 공간 전체가 물결처럼 꼬불꼬불해 보인다. 원래부터 그런 건지 술에 취해 그렇게 보이는지 아리송하면서도 즐거움을 느끼게 해주고 싶었다고. 일과 삶의 균형을 맞추는 방법의 하나로 일상에서 소소한 행복을 추구하는 그에게 위트는 빼놓을 수 없는 중요한 디자인 키워드다.

우란문화재단에서 열린 전시 〈신물지〉에서는 인간 세계와 신의 세계를 잇는 매개체로 기능한 한지가 주인공으로 돋보일 수 있도록 하얀 아크릴을 사용해 신전과 같은 공간을 연출했다. 또 국립현대미술관에서 열린 전시 〈모두를 위한 미술관, 개를 위한 미술관〉에서는 지관통으로 집기를 제작해 전시 철거 후 재활용이 가능하도록 했다.

"의뢰인의 요구와 프로젝트의 성향, 전시 주제와 가구의 크기, 예산, 기간 등 여러 가지 제약 조건 안에서 어떻게 풀어낼지 고민하면서 해답을 찾는 편이에요. 을지로 가공소처럼 못 만드는 건 없어요."

그의 작업 방식에는 정해진 규칙이 없다. 그 말인즉 수많은 가능성이 열려 있다는 것이다. 또 프로젝트에 따라 혼자 작업하기도 하고, 길종상가 멤버들과 함께 하기도 한다. 에르메스 쇼윈도 디스플레이는 김윤하, 송대영 디자이너와 호흡을 맞춘 결과다. 을지로에 모여 있는 다양한 상가와 제조업체도 그의 든든한 뒷배가 되어준다. 나날이 스펙트럼을 넓혀가는 작업이 이 모든 시너지에서 비롯된 것이리라.

모든 것이 가능한 길종상가에서 단 한 가지 불가한 일은 다른 작품을 따라 하는 것이다. 아무리 클라이언트가 요청한다 해도 다른 재료로 더 재미있게 표현해내고야 만다. 10년 전 처음 일을 시작할 때보다 다룰 수 있는 소재와 기술이 풍부해진 점도 여기에 한 몫한다. 그는 디자인할 때 복잡한 요소나 장식을 생략하고 기능성과 비례, 색감을 중요시한다. 특히 초록, 파랑, 노랑 등 원색을 즐겨 사용하는데, 그래서인지 노란색과 깔끔한 그래픽을 전면에 내세운 노브랜드의 첫인상이 강렬하게 다가왔다. 나날이 제품군이 다양해지는데 처음의 톤앤매너를 일관되게 가져간다면 더욱 좋겠다는 생각이다. 만일 노브랜드와 협업한다면 어떤 방식이 좋겠느냐는 물음에 팝업 공간을 디자인해 제품을 다양한 방식으로 진열, 배치해보고 싶다고 말한다.

"길종상가가 오픈한 지 꼭 10년이 지났어요. 그사이 재미있는 작업을 보여주는 소규모 스튜디오가 많이 생겨났지요. 그 안에서 어떻게 차별화하고 예전보다 나은 모습을 보여줄 수 있을지 끊임없이 생각해요. 아쉽게도 계획만 세우고 실행하지 못한 아카이빙 북도 이참에 제작해보고 싶고요. 지금처럼 즐겁고 행복하게 일하면서요."

❝ 작업실이 이태원에 있을 땐 을지로에 와서 자재를 살펴보고 구입해서 돌아가면 반나절이 훌쩍 지났어요. 을지로는 최신 소재와 기법을 가장 가까이에서 생생하게 보고 경험할 수 있어 작업하기에 최적의 환경이죠. 프로젝트마다 가구, 오브제가 다르게 쓰이기 때문에 정해진 스타일은 없지만, 저를 찾아온 '이유'가 있으니까 그 안에서 답을 찾으려고 해요.❞

123

라이프스타일 디자이너&기획자

신소현·전민성

모두에게 이로운
소비문화

2015년 혜성처럼 짠 하고 우리 앞에 나타난 오이뮤스튜디오. 한국의 전통을 디자인 주제로 삼는
스튜디오는 많았기에 이들의 행보도 크게 다르게 느껴지지 않았다.
하지만 섣부른 판단이었다. 한 시절을 묵묵히 이어온 제조업체와 라이프스타일 브랜드 오이뮤의 협업은
그간 우리가 잊고 살아온 고유의 정신을 다시 일깨우기 시작했다.

방배동 한적한 골목에 자리한 오이뮤스튜디오. 이곳에는 풍부한 채광과 창밖 풍경, 고양이의 나른한 모습 등
디자이너 신소현(왼쪽)과 기획자 전민성(오른쪽)에게 큰 영감과 작은 기쁨을 주는 자극이 주변에 가득하다.

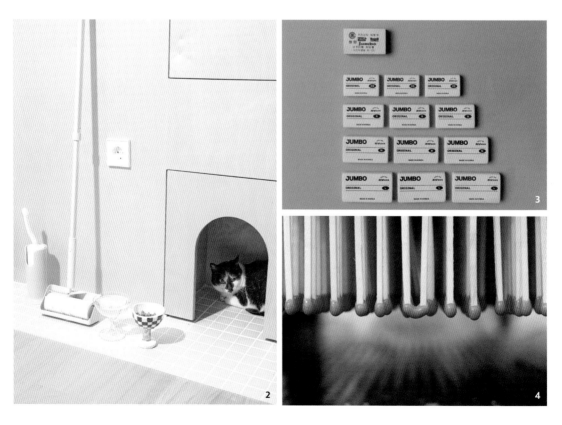

불과 10~20년 전까지만 해도 우리 생활 깊숙이 스며들어 있던 물건들이 하나둘 사라져 가는 요즘, 디자이너 신소현과 기획자 전민성이 운영하는 오이뮤스튜디오는 사람들에게 외면당했지만 우리네 정서와 이야기를 담고 있으면서 디자인 사각지대에 놓여 있는 물건을 끄집어내 새롭게 제안한다. 유엔상사와 협업한 팔각 성냥이 대표적인 예다. 성냥을 찾는 사람이 줄어들면서 오래된 제조사들이 하나둘 문을 닫고 있다는 이야기를 들은 두 사람은 성냥 제조업체를 찾아가 문을 두드렸다. 처음에는 별다른 관심을 받지 못했지만 포기하지 않고 꾸준히 설득하면서 지금의 유엔상사를 소개받았다.

유엔상사는 한때 팔각 성냥으로 이름을 날리던 오래된 제조 회사다. 두 사람은 오리지널 팔각 성냥을 재해석하고 요즘 사람들이 좋아할 만한 스타일로 새롭게 디자인했다. 종이로 만든 성냥갑은 유통 단계에서 훼손되지 않는지, 효율적 적재가 가능한지 끊임없이 실험하며 지금의 모습으로 완성해갔다. 예쁜 패키지로 탄생한 성냥은 젊은 세대의 마음을 사로잡기에 충분했다. 태어나 처음 성냥을 써본다는 젊은 손님을 만나는 날이면 사라져가는 우리네 제조 문화에 조금이라도 보탬이 된 것 같아서 보람을 느낀다고. 소비자에게는 잊혀가는 우리의 제조 문화를 되살리는 데 동참했다는 참여 의식을 갖게 해준다. 한국 문구 역사의 기록과도 같은 지우개, 향방, 노방백, 족자까지 모두 같은 뜻으로 시작한 일이었다. 새로운 작업도 예외는 아니다.

"저희 스스로에게 '오이뮤가 해야 할 일인가?'라고 자주 되물어요. 예를 들어 핸드폰 케이스 같은 제품은 꼭 저희가 아니어도 다른 곳에서 할 수 있는 일이잖아요. 한국의 오리지널리티를 표현할 수 있는지, 제조사와 소비자 사이에서 상생의 메신저 역할을 할 수 있는지 등등 끊임없이 질문하죠." 시류에 따르는 디자인이 아니다 보니 제조사에는 보이지 않는 가치에 대해 설명하고 이해시켜야 하고, 오랜 시간 끝에 완성한 제품은 소비자가 받아들이기까지 인내하며 기다려야 했다.

한편 두 사람은 지난 1년간 전통 한식 브랜드인 봉피양과 함께 '봉식탁' 패키지 작업을 했다. 오프라인 매장을 통해 고급화 전략을 이어온 봉피양과 함께 최근 변화하는

디자이너 신소현·기획자 전민성

현대카드와 디자인 전문 회사에서 브랜드 디자이너로 일한 신소현과 금융 회사에서 근무한 기획자 전민성이 만나 2015년에 라이프스타일 브랜드 겸 디자인 스튜디오, 오이뮤스튜디오를 론칭했다. 성냥, 향, 민화 포스터 등의 프로젝트를 통해 잊혀가는 우리의 물건과 문화를 소개하고 현재 생활의 쓰임에 맞게 제품을 리디자인한다. 출판사, 영화사, 호텔 등 문화를 중요시하는 기업과 협업해 아이덴티티 디자인도 진행한다.
www.oimu-seoul.com

1 1991년에 초판 발행한 〈우리말 색이름 사전〉을 재해석하고 풍부한 색상을 우리말로 정의한 색이름 프로젝트.
2 반려묘 3마리와 함께 사는 스위트 홈. 고양이들이 편안하게 쉴 수 있도록 주방과 거실 사이의 가벽에 아늑한 공간을 꾸몄다. 고양이 식기와 청소 도구도 이곳에 보관한다.
3 70년간 지우개를 생산해온 화랑고무와 함께 지우개 아카이빙을 시작으로 점보지우개를 리브랜딩했다.
4 유엔상사와 협업해 디자인이 잘된 실용적인 생활용품으로 성냥을 새롭게 선보였다.
5 전통 의복의 옷감으로 사용하던 노방천으로 제작한 노방백.

소비 세대와 소비 패턴에 맞춰 손쉽게 즐길 수 있도록 간편식 브랜드를 출시한 것. 이처럼 시대정신을 잇는 오이뮤스튜디오의 작업은 한국의 식문화에서도 빛을 발한다.

"된장, 고추장 등 한국인이라면 떼려야 뗄 수 없는 발효 음식을 주제로 해도 재미있는 작업이 될 것 같아요. 지역별로 사용하는 재료나 숙성 기간에 따라 맛과 향이 달라지는데, 이런 지역적 특색을 살려 장류를 세분화해 만들면 생산자와 소비자 모두에게 좋은 일이 되지 않을까요?"

두 사람은 롱 라이프 제품으로 오래 쓸 수 있는 물건, 폐기 단계에서 자원 순환이 원활하게 이뤄질 수 있는 디자인에 대해서도 고민한다. 무얼 만들든 생산과 폐기 과정을 가장 먼저 떠올리고, 재활용이 가능한지, 분리배출이 용이한지, 다른 용도로 전환할 수 있는지 등등을 살펴보는 것이다. 최근 네덜란드에서 활동하는 이우재 작가와 협업해 폐신문지를 활용한 향꽂이를 개발한 것도 이와 같은 맥락에서다. 쓰임을 다한 물건에 새로운 형태와 목적을 부여한다는 것은 꽤 멋진 일이다.

두 사람은 최근 스튜디오 근처로 이사했다. 하루의 대부분을 스튜디오에서 보내고 집에서는 잠만 자는 생활의 연속이었기에 어떤 방식으로든 변화가 필요했다. 새로운 집은 3마리 고양이 오이묘, 오동이, 코점이와 함께 살기 위해 꾸몄다. 거실에 캣 스텝을 제작하고, 고양이들과 함께 사용할 수 있는 건식 욕실과 거실 가벽에 고양이만을 위한 공간을 마련했다. 언제 어디서든 아이디어가 반짝일 때는 거침없이 표현할 수 있도록 거실에 널찍한 테이블과 의자도 배치할 예정이다. 이들은 또 다른 가족 반려묘와 함께하는, 그리고 일과 생활이 자연스럽게 조화를 이루는 평온한 일상을 꿈꾼다.

"요즘은 기존 프로젝트를 더욱 다양한 형태로 고도화하는 작업을 진행 중이에요. 국내에서 70년간 지우개를 생산해온 화랑고무와는 국산 지우개 아카이빙 작업을 시작으로 점보지우개 브랜드 리뉴얼 작업까지 함께 진행했고, 최근 지우개의 원리를 이용해 소파나 카펫 등에 박힌 반려동물의 털을 손쉽게 제거할 수 있는 털 지우개 개발에 한창이지요. 제조사와 지속적인 협력 관계를 맺고 시대의 흐름을 따라 더 많은 가능성을 찾아 나아가고 있어요."

한국의 식문화에도 관심이 많은 두 사람은 전통 장류나 청 등 발효 저장 식품을 주제로 한 재미난 작업을 꿈꾼다. 지역적 특색이나 생산자의 강점을 살려 세분화한다면 더 다양하고 풍성한 우리만의 맛을 즐길 수 있지 않을까 상상하면서.

" 예전에 포틀랜드를 여행하면서 그 지역 사람들이 자기네 물건에 대한 자부심을 갖고 우선적으로 소비하는 모습이 인상적이었어요. 우리도 우리 정서에 맞는 무언가를 제안하고 소비할 수 있는 시장이 만들어지길 바랐지요. 발효 음식이 그중 하나가 될 수 있다고 생각해요. 한국인의 삶에 스며든 발효 음식을 대대로 전해 내려온 고유의 방식으로 만든다면 지금보다 더 한국적이고 전통적인 발효 음식을 즐길 수 있을 거예요. 여기에 노브랜드가 동참한다면 지역 농가와 소비자 모두에게 이로운 소비문화가 생겨나지 않을까 하는 기대도 합니다. "

신세계그룹 부회장

정용진

제품을 넘어 콘텐츠로,
가격이 아닌 가치다

브랜드가 제시하는 메시지의 중요성을 강조하는 정용진 부회장은 지금의 노브랜드가 있게 한
최초 발원지다. 유통업계의 패러다임을 주도하는 그는 지금 이 시대에 필요한 것은
단순 유통이 아닌, 독자적 콘텐츠 개발을 통한 오리지널리티의 제공이라고 말한다.

코로나19 시대, 어떤 일상을 보내고 있나요?

언택트 시대라 혼자 있는 시간이 많을 줄 알았는데 그 어느 때보다 바쁘게 지내고 있어요. 한두 달에 한 번꼴로 가던 해외 출장이 없으니 그 시간을 전부 국내 업무에 투자합니다.

노브랜드는 이마트 안에 존재하는 하나의 카테고리였습니다. 이미 론칭했던 브랜드를 완전히 새롭게 리뉴얼한 배경이 궁금합니다.

노브랜드는 이마트 내 PB 라인 중에서도 최저가형 브랜드로 기획했어요. 싸다는 장점이 있지만 저는 곧 싸구려라는 이미지가 불편했습니다. 저가 PB만 자부심을 줄 수 있는 방법은 없을까 고민했어요. 진정한 스마트 컨슈머라는 인식을 심어줄 수 있으면 좋겠다고 생각했습니다. 예를 들어 벤츠를 타고 에르메스 백을 드는 사람이 있어요. 그 사람의 차 안이나 백에 들어 있는 저가 브랜드 제품 하나가 그를 무조건 브랜드만 좇는 것이 아닌, 의식 있는 소비자로 인식하게 하는 것이죠. 그런 니즈로 탄생한 것이 노브랜드입니다.

노브랜드의 등장은 유통업계에 새로운 기준을 제시했습니다. 관습을 깨고 변화를 도모할 수 있는 에너지는 주로 어디서 얻나요?

저라고 에너지가 무한대로 샘솟지는 않죠. 저보다는 직원들이 엄청난 에너지를 갖고 있는 것 같아요. 조직에 에너지가 있다는 것은 매우 중요합니다. 이마트 전체 조직이 그렇지만 그 안에서도 노브랜드 조직이 훨씬 열정적이고 다이내믹하죠. 대기업은 매너리즘에 빠지기 쉬운데 노브랜드는 에너지 넘치는 직원들이 한곳에 모여 있어 다이내믹하고 성취욕이 대단합니다. 계속 뭔가를 하고 싶어 하는 욕망과 끈기 면에서 신세계그룹의 어떤 조직보다도 남다른 기운이 있어요.

브랜드의 핵심 인물들이 노브랜드 성공 비결로 애자일agile 문화를 꼽았습니다.

직원들의 자율적 판단을 지지할 수 있는 건 그들의 에너지와 역량을 믿기 때문입니다. 처음에는 이마트 경영진의 반대도 있었어요. 과거의 성공 방식에 대한 고정관념이 있는 그들로서는 새로운 방식에 대해 우려할 수 있죠. 사실 저의 역할은 그런 경영진의 우려를 막아주는 것이었어요. 노브랜드 사업에는 새로운 문화가 필요하다고 판단했습니다.

왜 새로운 문화가 필요할까요?

좀 다른 답인지 모르겠지만 저는 그때 완성도 높은 브랜드를 만들어보고 싶었어요. 저가 PB로 시작했지만 여기에 의식을 불어넣어야겠다고 생각한 순간, 싼 브랜드가 아닌 가치 중심의 브랜드여야 했습니다. 고객을 더 스마트하게 만들어주는 브랜드를 만들려면 사실 다른 조직 문화가 필요했어요.

노브랜드의 브랜딩 총괄을 디자이너가 맡고 있습니다. 한국 기업에서 디자이너에게 브랜드 총괄을 맡기는 사례는 매우 드문데요.

저는 디자이너의 역량을 인정합니다. 디자이너는 일반 사람과 사고방식이 다르다는 것이지요. 사물을 보는 시각이나 문

❝ 저가 PB지만 자부심을 줄 수 있는 방법은 없을까 고민했어요. 진정한 스마트 컨슈머라는 인식을 심어줄 수 있으면 좋겠다고 생각했습니다. 예를 들어 벤츠를 타고 에르메스 백을 드는 사람이 있어요. 그 사람의 차 안이나 백에 들어 있는 저가 브랜드 제품 하나가 그를 무조건 브랜드만 좇는 것이 아닌, 의식 있는 소비자로 인식하게 하는 것이죠. 그런 니즈로 탄생한 것이 노브랜드입니다. ❞

제를 해결하는 방식이 달라요. 물론 모든 디자이너가 다 그런 건 아니지만요. 노브랜드 브랜딩 총괄을 맡고 있는 김기영 교수는 매우 세심하고 저보다도 훨씬 열정적입니다. 끝까지 개선하고 계속 노력하죠. 저에겐 이런 사람이 필요합니다.

이마트 내에는 노브랜드 외에도 피코크, 이마트 베스트 등의 PB 상품이 있습니다. 단순 유통 브랜드가 아닌 자체 제작 콘텐츠에 주목하고 있는 걸로 보이는데요.
이마트, 롯데마트, 홈플러스 등 대형 마트 3사에 가보면 다 똑같은 제품을 팝니다. 셋을 비교해보면 간판만 다를 뿐 차이가 별로 없어요. 저희만 갖고 있는 특별한 상품을 만드는 게 저의 욕망이었죠. 그래서 이마트만의 PB 상품을 개발했고, 단순히 상품을 생산하는 것이 아니라 독자적 콘텐츠를 갖고 싶어 제조 철학을 녹인 노브랜드를 만들었습니다.

2016년 말, 노브랜드는 이마트가 아닌 단독 매장을 가진 브랜드로 독립했습니다.
이마트 내에서 노브랜드 상품의 매출이 높아지고 SNS에서의 평가도 긍정적이었어요. 브랜드가 힘을 갖게 되면서 독립 숍을 운영할 시기가 됐다고 판단했습니다. 소비자들이 브랜드가 추구하는 철학을 인정하기 시작했다고 느낀 때죠.

직영점과 프랜차이즈 매장을 포함해 280여 개 숍을 오픈했어요. 온라인 플랫폼의 질주 속에서도 성장세를 기록하고 있습니다.
온라인 플랫폼의 발전이 오프라인 매장의 몰락을 가져올 거라 말하는 사람도 있지만 전 그렇게 생각하지 않아요. 오프라인은 더 잘될 겁니다. 밖에 나가서 물건을 보고 사는 것은 개인의 욕망을 충족하는 행위예요. 직접 물건을 보고 산다는 것은 귀찮은 일이 아니라 즐거운 일이죠. 온라인으로 살 수 있는 물건과 오프라인으로 살 수 있는 물건으로 나뉠 겁니다. 노브랜드는 오직 그곳에서만 살 수 있는 물건이 가득한 보물 창고와 같아요. 시간을 내 매장에 가야 할 이유가 충분하기 때문에 성장할 수 있는 겁니다. 제일 중요한 건 브랜드가 제시하는 메시지죠. 그것을 고객이 얼마나 인정하고 받아들이느냐가 관건입니다.

오랫동안 강조해온 고객의 '라이프 셰어life share'에 성공한 매장이라 할 수 있겠네요.
노브랜드를 포함해 이마트의 미래형 매장은 고객 경험의 극대화에 집중합니다. 노브랜드처럼 저희만 파는 상품을 지속적으로 개발·생산하고, 시식 코너 등을 늘려야 하죠. 푸드 코트나 식당 등에 투자해 고객이 저희 매장에 머무는 시간을 늘릴 수 있는 콘텐츠를 개발해야 합니다. 이런 전략에 성공한 매장은 오래 살아남고, 실패한 매장은 없어지는 거겠죠.

신제품이 나오면 직접 사용해본다고요. 노브랜드 제품 중 애용하는 상품이 있다면요?

물티슈, 크레페, 폼 클렌저를 사용하고 있어요. 짜장면을 집에서 직접 만들어 먹는데, 이때 노브랜드 짜장을 사용합니다. 그 외에 치즈버터샌드, 쿠키앤크림샌드 등도 좋아하고요.

활발한 개인 소셜 미디어 활동으로도 유명한데요, 소셜 미디어의 활용은 정용진식 경영에 실제로 어떤 영향을 끼치나요?

어떻게 하다 보니 저의 이미지가 회사 이미지와 동일하게 인식되기 시작했어요. 사실 회사를 운영하지 않았다면 SNS를 하지 않았을 거예요. 개인적으로 SNS를 좋아하지도 않았지만 회사와 개인의 이미지가 중요한 시대라 이왕 하는 거 잘 활용해보자는 생각으로 시작했습니다. 무작정 비즈니스적 목적으로 브랜드, 상품 이미지만 업로드하면 식상할 뿐 아니라 진정성도 없어요. 개인적 일상을 공개하는 것도 그런 이유에서죠.

소셜 미디어의 이미지와 실제 일상의 싱크로율은 몇 퍼센트 정도 될까요?

90% 정도요. 없는 이미지를 만들진 않아요. 제가 직접 하지 않고 누군가의 힘을 빌린다면 요즘 고객은 바로 알아차립니다. 진정한 소통을 위해 정직하게 제 경험을 공유하고 있어요. 인스타그램에서 한마디 하는 카피도 제가 직접 씁니다. 카피 재밌다는 말을 주변에서 많이 들어요.

노브랜드의 세계관을 실현 가능하게 한 데는 수많은 협력 업체의 힘도 있었습니다. 상생은 이마트 전체의 모토이기도 하죠. 진정한 상생을 위한 대기업의 역할은 무엇일까요?

서로 밀어주고 끌어주는 것이라는 표현이 모범 답일 겁니다. 좀 더 현실적으로 얘기하자면 서로의 역할에 충실한 것이라고 생각해요. 이마트는 브랜드를 만들고, 그 브랜드를 통해 고객과 소통합니다. 저희가 소통하는 고객이 원하는 스펙대로, 가장 싸게 가장 좋은 품질을 만들어주는 협력 업체가 저희에겐 최고의 업체입니다. 그런 협력 업체를 찾는 것이 노브랜드의 성공 비결이기도 하고요. 중소기업과의 상생을 이야기할 때 가장 싫은 표현이 '원가 후려치기'예요. 원가는 엄청나게 중요하게 여겨야 하는 부분입니다. 모든 상품의 경쟁력은 원가에서 비롯해요. 원가가 가장 낮은 업체를 찾는 것이 저희의 노하우고, 해당 중소기업에 그에 맞는 보상을 제공하는 것이 저희 역할입니다. 또 그 안에서 최고 제품을 만드는 것은 중소기업의 몫이고요. 종이 한 장 차이지만 굉장히 다른 의미가 담겨 있죠. 노브랜드의 역할은 중소기업과의 상생이지만 상생의 가장 중요한 포인트는 철저한 원가 관리입니다.

해외 유통사들이 노브랜드 유치에 많은 관심을 보인다고 들었어요. 실제로 필리핀에 노브랜드 숍이 있고요.

이마트와 함께 상호 효율적 매장 전략을 유지합니다. 이마트가 몽골에 진출할 때 노브랜드 상품이 50%가량 포함됐어요. 필리핀의 경우는 노브랜드 단독으로 진출했죠. 이마트는 기본적으로 유통 회사지만 노브랜드의 경우 유통이 아닌 자체 상품으로 접근했어요. 브랜드 특성상 유통에서 공급으로 체제 전환이 가능한 것이죠. 저희가 직접 매장을 임대하거나 짓지 않고 진출 국가의 파트너를 통해 제품과 브랜드를 수출하는 방식을 적용할 수 있어요. 더 많은 나라로 진출하기 위해 현재는 브랜드권 등록 작업을 진행 중입니다.

오가닉, 고급 식재료 마트, 파머스 마켓, 고메 마켓, 전문성을 강조한 스페셜 숍 등 마켓 생태계가 다변화 양상을 보이고 있습니다. 이런 시장의 흐름 속에서 노브랜드는 어떻게 진화해나갈까요?

급변하는 마켓 상황 속에서 고객의 생활 패턴 역시 빠르게 변하고 있어요. 그런 흐름에 맞춰 제품의 속성에 대해 고민 중입니다. 최근 노브랜드 버거가 나왔듯이 노브랜드 아파트, 호텔, 식당 등 무한한 확장성에 대한 가능성을 열어놓고 있어요. 과자로 시작했지만 비대면 상품까지 개발할 수 있는, 상품 카테고리를 재설정하는 작업이죠. 예를 들어 노브랜드 전문 배달이나 상품 없는 매장 등 지금의 노브랜드보다 더 고정관념을 깬 형태에 대한 것입니다. 단, 노브랜드라는 이름으로 납득할 수 있는 형태를 생각하고 있어요.

무한한 확장 속에서 변하지 않는 것이 있다면요?

의식과 효율적인 가격입니다. 무조건 싼 게 아니라 이마트의 높은 기준에 맞는 최저가를 실현하는 것이 중요하죠. 확실한 기준이 있어야 싸구려에서 벗어날 수 있습니다. 노브랜드의 핵심 키워드인 오리지널리티를 구축하는 것도 빼놓을 수 없고요.

글로벌 유통업계의 생태계에 어떤 변화가 있을 거라 예측하나요?

과거에 비해 오프라인 시장은 침체될 겁니다. 이런 시대에 살아남을 수 있다면 그 회사는 오래도록 남을 것이고 강력한 힘을 키우게 될 거예요. 어려울 때 인정받는 회사가 진정한 역량을 갖춘 것이고, 이마트가 그런 곳이 될 것이라고 확신합니다.

> 밖에 나가서 물건을 보고 사는 것은 개인의 욕망을 충족하는 행위예요. 직접 물건을 보고 산다는 것은 귀찮은 일이 아니라 즐거운 일이죠. 온라인으로 살 수 있는 물건과 오프라인으로 살 수 있는 물건으로 나뉠 겁니다. 노브랜드는 오직 그곳에서만 살 수 있는 물건이 가득한 보물 창고와 같아요. 시간을 내 매장에 가야 할 이유가 충분하기 때문에 성장할 수 있는 겁니다. 제일 중요한 건 브랜드가 제시하는 메시지죠. 그것을 고객이 얼마나 인정하고 받아들이느냐가 관건입니다.

노브랜드와
함께 성장하는 파트너

노브랜드의 절대 가성비 정책을 가능케 한 것은 협력 업체의 힘이다.
노브랜드의 철학을 지지하며 이를 품질 높은 제품으로 표현해내는 이들은
기술 개발과 최신 시설에 아낌없이 투자하며 공동의 목표를 공유한다.

론칭부터 함께한 동반 성장의 아이콘
화인바이오FINE BIO

노브랜드의 미네랄워터 제조사인 화인바이오는 노브랜드가 시작할 때부터 함께해온 오랜 파트너다. 노브랜드와의 협업은 당시 신생 업체이던 화인바이오의 제안에서 비롯했다. "좋은 물을 저렴한 가격에 소비자에게 제공하고 싶다는 저희의 바람과 노브랜드의 취지와 비전이 부합했어요." 화인바이오 이창우 부사장의 말이다. 2016년 4월, 먹는 샘물 제조 허가를 받기도 전에 이뤄진 제안이었지만 노브랜드의 반응은 긍정적이었다. 생수의 품질을 결정짓는 요소는 안정적 취수원 확보다.

화인바이오는 청정 지역인 지리산 해발 500m에서 길어 올린 물을 사용한다. 혹시 모를 사태를 대비해 공장 위아래 토지까지 전부 매입해 오염원을 원천 봉쇄했다(2019년 16만 5000㎡의 부지를 추가 매입했다). 물맛은 미네랄 성분의 함유량에 따라 달라진다. 여러 번의 품질 검사를 거쳐 칼슘, 칼륨, 규소 등 미네랄 종류가 다양하고 함유량이 높다는 결과를 얻은 이곳의 물은 건강에 좋은 것은 물론 목 넘김 또한 부드러운 것이 특징이다. 이렇게 노브랜드가 중시하는 품질과 맛은 기준 이상이지만 가격이라는 관문이 남아 있었다.

이창우 부사장은 '노브랜드다운 가격'을 맞출 수 있었던 건 전 공정을 기계화한 자동화 시스템 덕분이라 말한다. "저희는 '에르고 블록'이라는 글로벌 1위 식음료 생산 설비업체인 독일 크로네스Krones사의 최신 설비를 사용합니다. 생수병의 원료인 프리폼 주입을 제외하고 취수부터 필터링, 살균, 프리폼 열처리, 라벨과 뚜껑 부착, 소포장, 래핑까지 전부 시스템화돼 있어요." 콤팩트하고 효율적인 자동화 시스템으로 인건비 절감과 생산의 안전성을 확보했고, 이는 자연스럽게 가격을 낮출 수 있는 바탕이 됐다.

화인바이오는 2016년 말 노브랜드에 첫 물량을 납품한 이후 연간 1억 병가량의 생수를 납품하며 2019년 400억 원 매출을 기록한 탄탄한 중소기업으로 성장했다(2016년 론칭 당시 화인바이오 매출은 35억 원이었다). 노브랜드의 협력 업체가 되면서 타 브랜드에서도 관심을 갖는 계기가 됐고, 이는 매출 신장으로 이어졌다. 화인바이오는 현재 노브랜드뿐 아니라 GS리테일, 쿠팡, 아워홈 등 12종의 생수를 납품하고 있다. 이창우 부사장은 대기업과 중소기업의 협력 포인트는 믿음과 신뢰에 있으며 각자의 역할에 충실할 때 시너지를 낸다고 말한다.

화인바이오는 기존 500mL와 2L 외에 2019년 330mL를 추가해 세 가지 타입의 생수를 공급한다. 화인바이오는 같은 취수원에서 12종의 브랜드 생수를 생산하는데, 동일한 물을 사용하지만 디자인이나 광고 유무, 유통사에 따라 가격 차이가 있다는 점에서 노브랜드의 미네랄워터가 경쟁력 있는 제품임을 알 수 있다.

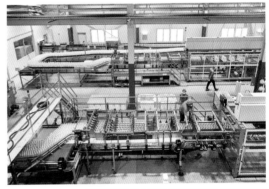

활발한 소통으로 만든 스테디셀러의 산실
HJF

노브랜드 론칭 초기부터 가정 간편식 HMR과 냉동식품을 개발하고 생산해온 HJF는 인기 품목인 그릴닭가슴살을 비롯해 각종 육류와 해산물을 이용한 35가지 간편식을 만드는 협력사다. 25년 넘게 축적된 노하우를 바탕으로 수준 높은 품질과 맛을 구현하는 HJF는 식품연구소도 운영하고 있다. 이곳에서 제조 및 포장 기술, 제품 안정성 확보 기술 등 육가공 식품 전 분야에 걸친 연구를 진행하며, 최신 설비 도입과 전문화 시스템을 토대로 식품 제조 현장에서 가장 중요한 균일한 맛과 성분을 실현한다.

HJF 안정철 이사는 고유성을 띤 몇가지 품목에 대해 공급할수 있는 노브랜드의 1 SKU 정책이 제조사에 큰 도움이 된다고 말한다. "제조업에서 가장 중요한 것은 공장 가동률이에요. HJF 충주 공장에서는 매일 노브랜드 제품을 생산합니다. 제조부터 판매까지 사이클이 안정화되면서 생산 효율성이 높아져 비용이 절감되고, 생산 즉시 전국 노브랜드 매장으로 납품하니 물류와 유통에 대한 부담도 없죠." 노브랜드에서 발생하는 매출은 전체의 15% 정도로 연간 160억 원에 달한다. 여기에 생산 품목 중 20가지 이상이 매년 두 자릿수가 넘는 성장세를 보여 향후 전망은 더욱 밝다. "노브랜드의 협력사라는 점은 품질 좋은 제품을 저렴하게 잘 만드는 회사라는 인식을 심어줍니다. 이는 거래처에 회사를 알리는 강점으로 작용하죠."

1년에 200만 팩이 판매되는 노브랜드 그릴닭가슴살은 100% 국내산 신선육을 매리네이드해 레일 형태의 원적외선 그릴에서 굽는다. 최대 2000℃까지 내부 온도가 조절되는 그릴은 국내에서 세 곳만 보유한 최고급 장비로, 숯불에 익힌 것과 같은 훈제 향을 더하고, 속살까지 충분히 고르게 익히는 동시에 부드러운 식감을 낸다. "기존에 생산하던 닭가슴살을 수정 보완해 닭고기 특유의 냄새를 없애면서도 촉촉하고 부드러운 식감을 살렸습니다." 이미 레드 오션이라 불리던 시장에 늦게 진출했음에도, 노브랜드로 입소문이 나면서 출시 4년이 지난 지금도 매년 30~40%씩 판매량이 증가하고 있다.

최근 눈에 띄게 인기가 높아진 이지 디시Easy Dish 라인 제품은 VSP(Vacuum Skin Package, 진공 스킨 포장) 방법과 급속 동결 시스템을 접목해 시각적인 즐거움을 주는 간편식이다. 접시에 조리한 요리를 올려 진공포장한 뒤 순식간에 꽁꽁 얼려 고기와 새우, 낙지 등의 주재료는 물론이고 콩나물과 파 같은 가니시까지 고유의 형태가 그대로 유지된다. "이지 디시는 개발 후 1년 동안 판로를 찾기 어려웠어요. 전자레인지에 8분간 조리하는 방식이 단점이라 여겨진 거죠. 하지만 노브랜드와 의견을 조율해 원료와 맛에 승부수를 띄워 제품을 생산했고, 뜨거운 반응을 얻어 처음 네 가지 제품에서 이제 낙곱새와 콩나물돼지불고기, 버섯소불고기, 부채살스테이크 등 11가지로 종류가 다양해졌죠.

버섯소불고기, 콩나물돼지불고기 등 네 가지 제품으로 시작한 이지 디시 라인은 현재 11가지로 종류가 다양해졌다. 노브랜드의 협업이 성공적일 수 있었던 건 활발한 의사소통에 있다. 서면이나 전화 통화뿐 아니라 일주일에 한두 번씩 담당 바이어를 만나 얘기를 나눈다. 시장 상황과 식문화의 흐름, 설비에 대한 깊은 대화는 서로에 대한 이해도를 높이고 다양한 정보를 교류할 수 있는 기회가 된다.

글로벌 뷰티 시장을 선도하는 빅 브랜드와 실용주의의 만남
코스맥스COSMAX

로레알, 유니레버, LVMH, 에스티로더 등 전 세계 상위 20개 화장품 기업 중 대부분의 브랜드와 거래하는 코스맥스는 글로벌 화장품 ODM 1위 기업이다. 화장품 제조업이 발달한 한국에서 독보적 우위를 점한 코스맥스와의 협업은 탁월한 선택이었다. 코스맥스는 타 제조사보다 생산 원가가 높지만, 스킨케어와 메이크업을 하나의 조직으로 통합한 R&I센터를 운영하며 98%의 제품을 직접 개발·생산하고, 총 350여 건의 특허와 다양한 국제 인증을 획득한 글로벌 스탠더드 연구개발 시스템을 갖추고 있다. 판매자가 원하는 사양에 맞춰 제품을 개발하는 ODM 전문 기업인 코스맥스의 마케팅팀 김익현 과장은 노브랜드에서 원하는 테이블 단가에 맞춰 콘셉트부터 부자재까지 제품 개발과 생산, 포장 단계에 이르는 전 분야를 제안하는 담당자다.

"보통 수출에 목적을 둔 고객사의 경우 노브랜드와 같이 겉모습보단 내실이 강한 제품 생산을 의뢰하기도 하지만, 국내에 이와 같은 콘셉트의 브랜드는 없어요. 노브랜드 제품은 원가 대비 마진율을 굉장히 낮게 책정합니다. 비슷한 가격대의 다른 제품과는 비교할 수 없을 정도로 여느 브랜드보다 원료 사용과 품질 면에서 우수한 제품이 많아요." 지금의 뷰티 시장은 온라인 마켓 확대와 셀럽에 의해 유동적으로 움직이지만, 화장품의 결정적 매출은 수출과 유통에서 이뤄진다. 유통 마진을 없애 그만큼 가격 거품을 줄인 노브랜드 뷰티 제품은 소비자 입장에서 매력적인 콘셉트인 셈이다. 노브랜드 뷰티 제품은 쉽게 접근 가능한 가격대임에도 사용에 불편함이 없다. 샴푸와 보디 워시, 핸드 워시와 스킨케어 라인은 재구매가 꾸준히 이뤄지며 점차 판매량이 증가하고 있다.

"브랜드 이미지를 구축하기 위해 마케팅을 하지 않으면서도 묵묵하게 좋은 제품을 선보여온 노력이 이제 보상받는 것 같아요. 기본으로 돌아가 보습과 미백, 주름 개선에 집중한 제품은 단가에 영향을 미치지 않는 선에서 효과적인 원료를 선택합니다. 자동화 설비를 토대로 원가 절감이 가능하고요. 부자재나 패키지 역시 굉장히 심플해 타 브랜드 대비 포장 단위를 두 단계씩 줄였어요. 무엇보다 기존의 뷰티 시장을 답습하지 않는 새로운 형태의 브랜드와 작업하며 성공을 이뤄내는 과정에서 뿌듯함을 느낍니다."

노브랜드와 코스맥스의 협업 제품 중 스테디셀러인 '하루 한 장 마스크팩' 외에도 만족도가 높은 제품으로 '스마트 쿠션'을 꼽을 수 있다. 코스맥스의 기술력이 집약된 스마트 쿠션은 오일 막이 피부 보습과 결점을 커버해 파운데이션만으로 만족할 수 없었던 촉촉함을 선사하는 동시에 미백과 주름 개선, 자외선 차단 기능까지 갖춘 전천후 아이템이다.

브랜드 신념을 함께하는 히트 메이커
스카이 푸즈SKY FOODS

1969년 닭 사육장으로 시작한 태국의 대표 농업 기업 센타코Centaco의 자회사인 스카이 푸즈는 훈제 닭꼬치부터 가공 닭가슴살까지 각종 닭 가공식품을 취급하는 곳이다. 이마트 글로벌 소싱팀이 연락해 연을 맺게 된 노브랜드와 함께 노브랜드 '숯불데리야끼 닭꼬치'라는 성공적인 결과물을 내놓았다. 센타코 부회장이자 스카이 푸즈의 생산·판매 라인을 담당하는 나리사 라우보라빗Narisa Lauvoravit은 지금의 결과는 양측이 적극적으로 협력해 만들어낸 산물이라고 말한다. "닭꼬치를 만드는 과정에서 노브랜드 바이어들과 글로벌 소싱팀이 한국 시장에 맞는 제품과 맛, 패키지 사이즈 등을 알려줬고, 현재 트렌드도 상세히 설명해줬습니다. 우리는 그에 걸맞은 각 분야의 전문가를 데려와 결국 한국 소비자가 좋아할 만한 레시피를 개발했습니다."

　노브랜드의 폭발적 성장력은 스카이 푸즈가 파트너사를 더욱 믿게 만드는 요인이 됐다. "지금껏 수많은 업체와 일해봤지만 노브랜드처럼 빠른 시간 안에 큰 규모로 확장한 곳은 없었습니다. 노브랜드 매장이 한 자릿수이던 초창기부터 함께해오면서 그들의 성장을 지켜볼 수 있었어요. 결국 노브랜드가 옳은 길을 택했고, 한국 소비자로부터 신뢰를 얻고 있다는 사실을 눈으로 확인했습니다." 라우보라빗 부회장의 말이다.

　태국의 탄탄한 농업 기업 자회사인 만큼 양계장부터 도축장, 제품 실험실 및 제조실까지 모두 갖춘 스카이 푸즈는 닭꼬치 하나를 만들더라도 완성도를 높이기 위해 심혈을 기울인다. 라우보라빗 부회장은 "우리는 훈제한 맛을 내기 위해 시즈닝을 전혀 사용하지 않고 스카이 푸즈의 전통 방식에 따라 모든 직원이 일일이 손으로 훈연 작업을 합니다. 물론 이 방법을 고수하는 것이 인건비를 높이긴 하지만 제조 과정에 대한 확고한 집념은 놓치지 않으려고 해요. 그 대신 다른 부분에서 비용을 최소화하기 위한 방법을 끊임없이 고민하는 쪽을 택하죠"라고 말한다. 노브랜드와 일할 때만큼은 자신들도 혁신적이고 유연한 자세로 임하게 된다는 라우보라빗 부회장은 제조업체뿐 아니라 식품업계에 종사하는 모든 이들이 노브랜드가 지켜나가는 신념에 도전해야 한다고 말한다.

스카이 푸즈는 현재 노브랜드에 숯불데리야끼 닭꼬치와 불맛 양념, 두 가지 제품을 납품하고 있다. 직원들이 일일이 손으로 숯불 향을 입혀 만든 숯불데리야끼 닭꼬치는 노브랜드의 생필품 라인에서 매출 1위를 기록한, 이른바 대박 상품이다.

동일한 철학으로 만든 글로벌 합작품
마미 더블데커MAMEE DOUBLE-DECKER

노브랜드의 대표 상품을 꼽을 때 감자칩은 빠지지 않고 언급된다. 1000원도 안 되는 가격의 이 감자칩은 1971년부터 말레이시아를 기반으로 스낵, 라면, 음료 등을 생산한 마미 더블데커(이하 마미)와 노브랜드의 합작품이다. 말레이시아 내 업계 선두를 달리고 있는 마미에 11년째 몸담고 있는 생산부 책임자 케네스 팡Kenneth Pang은 자사에 대한 자부심을 표하며 노브랜드와 함께하게 된 첫 만남을 되짚는다. "저희는 '좋은 맛의 세계'라는 슬로건을 걸고 근 50년간 자사품을 70개 넘는 국가에 수출해왔습니다. 한국 역시 저희 제품을 수출하던 국가였는데 현지 배급사의 소개로 이마트와 만나게 되었습니다."

처음 이마트와 만난 이후 긍정적 인상을 받은 마미는 계약을 위해 수차례 본사와 연락하던 중 노브랜드의 시작에 참여할 기회를 얻었다. "하루는 이마트로부터 새로운 제품군을 준비하고 있는데 함께할 생각이 있느냐는 제의를 받았습니다. 저희는 흔쾌히 이를 수락했고 그것을 계기로 노브랜드 프로젝트에 합류하게 됐습니다." 팡 책임자의 말이다. 이후 제품 개발에 심혈을 기울인 마미는 한국인의 입맛을 사로잡기 위한 레시피를 개발하는 것도 어려웠지만, 가장 힘들었던 부분은 한국 식품의약품안전처의 기준을 충족시키는 일이었다고 말한다. "말레이시아와 한국의 규제 요건이 꽤 많이 달랐어요. 노브랜드에 납품하는 모든 제품은 한국 식품의약품안전처의 조건에 맞게 식품 실험실 및 제품 리뷰 과정을 거친 결과입니다."

까다로운 요건을 모두 충족시키면서도 마미가 절대 타협하지 않은 것은 합리적 가격에 최상 품질의 제품을 생산하는 것이었다. 노브랜드의 철학과 마찬가지로 자신들도 수십 년 동안 소비자가 만족할 수 있는 가성비 높은 상품을 만들기 위해 노력해왔다고 말한다.

"마미 역시 노브랜드와 같은 방향성을 추구한다고 생각합니다. 지금껏 이 가치를 이해하고 동의하는 파트너랑만 일해왔고, 또 이를 실현해냈습니다. 저희는 낮은 생산 가격으로 최상의 질을 만들어내기 위해 원재료 수급부터 제품 생산까지 가장 경제적인 방법을 엄선하며 품질을 높일 수 있는 방법을 강구합니다." 철저한 관리하에 보장된 품질과 합리적 가격을 자랑하는 마미의 감자칩은 출시 40일 만에 25만 개가 팔리면서 큰 인기를 얻었고, 노브랜드 제품 구매는 현명한 소비라는 인식을 심어주는 데 큰 역할을 했다. 이처럼 같은 목적을 갖고 적극적으로 협력한 이후 마미가 납품하는 물류량은 초창기에 비해 3배나 증가했다. 이에 대해 팡 책임자는 매우 놀랍고도 만족스러운 결과라고 말한다. "노브랜드와 마미는 제품을 개발하는 과정에서 서로 끊임없이 혁신적인 의견을 주고받았습니다. 소비자가 흡족해할 만한 제품을 만들기 위해 양측 모두 쉼 없이 연구한 제품이 한국에서 유명해지고 사랑받게 되어 매우 기쁩니다."

마미 더블데커는 '러키 인스턴트 라면'이라는 제품을 시작으로 해외에 2개 공장을 운영하는 글로벌 식품 회사다. 현재 오리지널, 사워크림 & 어니언, 자색고구마칩 3종의 감자칩 시리즈를 매년 850만 개씩 노브랜드에 납품하고 있다.

좋은 품질은 어떻게 만들어지는가

노브랜드는 이마트 품질관리팀과 상품안전센터를 통해 생산 단계부터 소비자에게 전달되기까지
전 과정을 꼼꼼히 관리한다. 생산 공정을 살피고 과학적으로 접근하는 전방위적 사전 검증과 예방 활동은
신뢰를 최우선으로 하는 브랜드의 태도다.

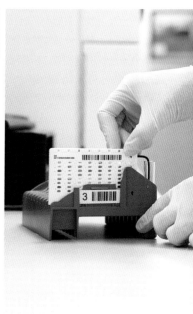

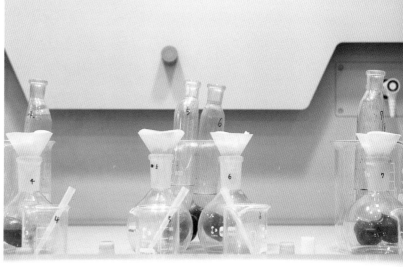

노브랜드가 추구하는 '소비자주의'의 마지막 단계는 품질 확인에 있다. 새로운 제품 출시를 준비하는 과정에서 품질관리팀과 상품안전센터라는 2개의 큰 축을 두고 여러 단계를 거쳐 제조사와 상품을 검증한다. 적극적인 품질관리 시스템은 이마트 프리미엄 PB인 피코크에서 노브랜드로 이어지며 보다 체계적이고 세밀하게 사내 품질 인증 목록을 만들었다.

크게 4단계로 나뉜 검증 과정 중 첫 번째 단계는 각 담당 바이어가 생산 품질 수준을 따져 제조사를 선정하는 것이다. 이후 품질관리팀 직원이 각 담당 바이어가 발굴한 제조사를 찾아가 생산 공정과 위생, 품질 상태 등을 점검한다. 현지 실사를 진행해 식품안전관리인증 기준을 확인하고 법적 체계 안에서 시설과 생산 환경을 확인하는 과정에서 제조사가 해당 제품을 생산할 능력이 있는지 가늠하고, 노브랜드와 약속한 방식대로 실제 제품이 만들어지는지 검증하는 것이다. 품질관리팀 심사에서 통과한 제조사는 외주 심사 기관이 방문해 다시 한번 현지 실사를 수행한다. 보다 객관적이고 전문적인 심사를 통해 안전성을 재확인하는 과정이다.

노브랜드의 모든 식품은 진열대에 오르기 전 반드시 이마트 상품안전센터라는 마지막 관문을 거쳐야 한다. 이마트는 '안심하고 맛있게 먹을 수 있는 소비자의 권리'를 위해 2015년 유통업계 최초로 상품안전센터를 개설했다. 이마트 판매 제품과 더불어 노브랜드의 신상품을 검수하고 생산 과정을 지속적으로 모니터링함으로써 수준 높은 품질관리를 실현하기 위해서다. 현재 12명의 연구원이 담당 제품을 밀착 관리하며 연간 4000건의 검사를 진행한다. 때에 따라 외부 전문 업체에 청탁해 위생과 안전성 등을 검사하기도 한다. 다양한 전문 장비를 갖춰 식품의약품안전처나 공인 기관 수준의 품질 검사 능력을 확보함으로써 상품 판매 전 안전과 품질을 관리하는 동시에 소비자 불만 등의 이슈 발생 시 신속한 대응을 위한 기반을 다진다.

"식품에서 가장 중요한 부분은 맛과 품질을 동일하게 유지하는 균질성입니다. 같은 날 생산한 제품이라도 사내 연구 결과와 협력사의 연구 결과가 다를 수 있는데, 이는 원료와 공정 과정에서 균질화가 이뤄지지 않았을 때 발생하는 문제죠. 사실 식품 제조사 입장에서는 균질화가 가장 어려운 과제이기도 한데요, 저희는 생산품에 대한 다방면의 연구를 토대로 협력사 쪽에 균질성을 높이는 방법을 제안합니다. 체계적으로 품질을 끌어올리기 위한 다각적인 투자를 통해 노브랜드의 품질을 책임 있게 관리하죠."

_ 민정기 상품안전센터 센터장

가성비 이상의 가치, 노브랜드 버거

서양식 패스트푸드를 자주 즐기는 고객에게 좀 더 독창적인 맛과 멋의 캐주얼 음식을 제공할 수 없을까?
'버거는 ○○해야 한다'는 고정관념을 깨고 기존 QSR(Quick Service Restaurant) 시장에
출사표를 던진 노브랜드 버거의 도전과 진화.

F&B 분야에서 노브랜드의 가치가 진화하다

두툼하고 스모키한 직화구이 패티와 매력적인 소스, 부드러운 번으로 만든 버거를 중심으로 다양한 웨스턴 캐주얼 푸드를 제공하는 신개념 캐주얼 버거 하우스, 노브랜드 버거. 'Why Pay More? It's Good Enough(왜 더 내? 이걸로 충분해!)'라는 슬로건에서 알 수 있듯 노브랜드의 가성비 가치를 공유하며 전통 패스트푸드의 틀을 깬 서양식 패스트 캐주얼 푸드fast casual food를 제안한다.

노브랜드 버거는 신세계푸드에서 개발하고 독자적으로 운영한다. 새로운 맛과 멋에 대한 경험을 즐기고 리드하는 도전적이고 긍정적 에너지를 지닌 10~20대를 메인 타깃으로 그들이 중요하게 여기는 '가격 대비 가치'를 핵심 전략으로 삼는다. 보통 패스트푸드에서 가격 할인 정책을 구사한다면 노브랜드 버거는 전 메뉴를 합리적 가격대로 구성하되, 맛과 품질의 차별화에 초점을 맞춘 것이 특징. 그 결과 노브랜드 버거는 타사 대비 20% 더 두툼한 두께로 씹는 맛과 육즙이 일품인 직화구이 패티, 버거에 최적화된 감칠맛이 가득한 NBB 특제 소스, 산지 직송 거래에 의한 신선한 식재료가 만나 풍부한 맛을 낸다. 햄버거의 핵심 재료인 패티는 음성 공장에서 직접 생산하고, 각종 채소는 이천 공장에서 손질한 것을 받는 등 식재료의 품질을 직접 관리한다. 유통 단계를 줄인 만큼 신선함은 최대한 살리고 비용은 최대한 절감한 것은 물론 조리 매뉴얼을 단순하게 구성해 어느 매장에서도 똑같은 퀄리티의 버거를 즐길 수 있는 것이 노브랜드 버거의 경쟁력이다.

상하이 핑거포크, 노치킨 너겟, 인절미 치즈볼 등 차별화한 사이드 메뉴를 제공하는 것 역시 눈에 띄는 전략이다. 대체육(마이코프로틴)으로 만든 노치킨 너겟과 모차렐라 치즈에 콩가루를 듬뿍 뿌린 인절미 치즈볼, 직장인의 간단한 한끼가 되는 샐러드와 피자바게트는 노브랜드 버거가 추구하는 다양성의 가치와 부합하는 메뉴로 기존 스타일에 얽매이지 않고 자유분방함을 추구하는 MZ세대 소비층에게 좋은 반응을 얻고 있다. 또 플라스틱 사용을 줄이기 위해 빨대 없는 음료 컵을 도입하는 등 사회적 가치를 위한 행보 역시 주목할 만하다.

독창적 맛의 비결

신세계푸드는 노브랜드 버거를 론칭하기에 앞서 맛과 품질에 대한 만족도를 높이기 위해 연구개발에 집중했다. 신세계푸드 R&D센터 소속 셰프를 비롯해 대량생산과 상품화를 책임지고 있는 식품공학 전문가 등 20여 명으로 구성된 TF 팀이 3년간 햄버거의 식감과 감칠맛을 끌어올리기 위한 최적의 식재료와 조리 방법을 연구한 것. 2018년 평창동계올림픽 선수촌의 케이터링을 맡으면서 전 세계 선수들을 대상으로 노브랜드 버거의 맛과 품질에 대한 테스트도 거쳤는데, 당시 400여 개 선수단의 메뉴 가운데 노브랜드 버거를 한 끼에 10개 넘게 먹는 선수들이 있을 정도로 가장 인기 있는 메뉴로 뽑혔다. 바로 노브랜드 버거의 대표 메뉴인 'NBB 시그니처 버거'다.

지금도 노브랜드 버거는 메뉴 개발 연구소의 핵심 역량이 총동원되어 탄생한다. 마케터와 영업 담당자가 시장조사와 리서치를 통해 소비자가 원하는 메뉴의 콘셉트를 R&D센터에 제안하면 빵, 패티, 소스, 채소 등 각 재료별 담당자들이 협의를 거쳐 시제품을 만들고 매장에서 완벽한 맛의 구현이 가능한지 테스트를 거친다. 이후 연구개발, 마케팅, 영업 등 각 실무진을 비롯해 최고 경영진이 참여해 메뉴의 맛과 품질에 대한 의견을 나누고 가격, 마케팅 전략을 결정해 출시 메뉴를 선정한다. 특히 최종 결정 단계에서는 맛뿐 아니라 소비자들이 노브랜드 버거의 콘셉트인 가성비에 충분히 만족할 수 있는지에 대해 논의한 후 출시 여부가 정해진다.

경기 침체로 소비 심리가 위축되고 외식 시장이 양극화되면서 더 많은 사람들이 가격 부담 없이 맛있는 수제 버거를 즐길 수 있게 하자는 모토로 시작한 노브랜드 버거. 2019년 8월 홍대 1호점을 시작으로 빠르게 매장 수를 늘려나가며, 2021년 5월 100호점 돌파에 이어 2021년 말까지 180호점 오픈을 달성할 계획이다. 2개의 입체적인 블록 박스로 표현한 젊고 역동적인 BI처럼, 더욱 다채롭고 풍성한 맛과 경험을 전하기 위한 신개념 캐주얼 버거 하우스의 새로운 도전과 활약이 기대된다. 문의 www.shinsegaefood.com

사람들은
자신이
무엇을 원하는지
어떻게 알까

글 장동선
독일 막스 플랑크 연구소 신경과학 & 행동인지 박사, 궁금한 뇌 연구소 대표. 현대자동차그룹 전략기술본부 미래기술전략팀장을 지냈다. 2014년 독일 과학교육부 주관 과학 강연 대회 '사이언스 슬램' 우승을 비롯해 독일 공영 방송 NDR, ZDF 등에서 방영하는 프로그램과 tvN 〈알쓸신잡 2〉에 출연해 뇌과학자이자 과학 커뮤니케이터로서 입지를 다지고 있다. 〈뇌 속에 또 다른 뇌가 있다〉를 썼다.

소비와 마케팅 전문가들은 주로 사람들에게 직접 물어보는 쪽을 택한다. "이 상품이 마음에 드세요?" "이런 제품이 있다면 돈을 얼마나 지불하겠어요?" "왜 마음에 드는지 알려줄 수 있나요?" 오프라인에서 그룹을 선정해 인터뷰하건, 온라인상에서 많은 사람들에게 물어보건 이러한 방식은 사람들에게 명시적 답변을 요구한다. 이 방식은 사실 한 가지 전제를 깔고 있다. 사람들은 스스로 의식하고 있는 어떠한 '이유'가 있어서 구매를 선택한다는.

뇌과학과 인지과학 전문가들은 사람들의 말과 행동이 다를 때가 많다는 사실을 알고 있다. 물어볼 때는 "마음에 들어요", "사고 싶어요" 이렇게 대답했는데 실제로는 구매하지 않는 경우도 많고, 반대로 "너무 비싸요" 이렇게 대답하고 나서 실제로 물건을 보면 지름신이 강림하기도 한다. 그 이유는 간단하다. 사람들이 하는 선택의 대부분은 뇌 안에서 무의식적으로 이루어지기 때문이다. 따라서 사람들이 무엇을 원하는지 직접 명시적으로 질문하기보다는 암묵적으로 행동을 유도하는 편이 더 효과적이라고 알려져 있다. 사람들의 선택을 암묵적 방법으로 예측하기 위해서는 시선 추적, 뇌파 측정 등 다양한 방법을 동원할 수 있다. 예를 들어 어떠한 물건과 가격을 동시에 보여주고 사람들이 두 가지가 일치하지 않는다고 느낄 때 보이는 특정 신호인 '불일치 감지 신호'를 뇌에서 관측하면 된다. 이런 뉴로프라이싱neuropricing 기술을 활용하면 신제품의 가격을 보다 정확하게 책정할 수 있다. 사람들이 어떠한 제품이나 광고에 관심을 보이거나 무관심할지도 효과적으로 예측할 수 있다. 단, 이 방식은 한 가지 제약이 있다. 오프라인상에서 실험을 통해 실제로 사람들의 행동을 유도해 관찰해야 한다는 것이다.

최근에는 팬데믹 상황에서 사람들의 구매 선택이 대부분 오프라인보다는 온라인으로 향하게 되었다. 그렇다면 온라인상에서는 사람들의 행동을 어떻게 측정할 수 있을까? 오히려 쉬워졌다. 굳이 시선이나 뇌파를 측정하지 않고도 보다 정확하게 사람들의 구매 선택을 예측하는 방법은 바로 온라인상에서 사람들의 디지털 발자국(digital footprint)을 수집하는 것이다. 어떠한 플랫폼을 자주 이용하는지, 어떠한 영상을 얼마나 오래 보는지, 그리고 어떠한 물건을 샀는지 과거의 구매 기록까지 모두 디지털 정보로 남아 있다.

2012년에 나온 한 논문에 따르면 페이스북에서 내가 클릭한 100개의 '좋아요' 정보만으로도 내가 어떠한 물건을 좋아하거나 싫어할지를 내 가족, 심지어 내 어머니보다 정확하게 예측할 수 있다고 한다. 이 기술은 마케팅 분야에만 활용되는 것이 아니라 데이터 분석 기업인 케임브리지 애널리티카 Cambridge Analytica가 2016년 미국 대통령 선거에서 사람들이 누구에게 투표할지를 미리 예측하는 데 사용해 이슈가 되었다. 힐러리 클린턴 후보에게 투표할 확률이 높은 사람들에게 선택적으로 광고를 보여주어 그들이 투표하지 않도록 유도했고, 실제로 이 방법은 상당한 성공을 거두어 도널드 트럼프가 대통령에 당선되게 하는 데 큰 도움을 주었다고 알려졌다. 이 기술은 같은 해 이루어진 영국의 브렉시트 투표에도 활용되었고, 결과적으로 영국이 유럽연합을 탈퇴하는 데 큰 영향을 끼쳤다.

내가 무엇을 원하는지 가장 잘 아는 것은 나의 뇌다. 그런데 이제는 나의 뇌를 나 자신보다 온라인의 AI 알고리즘이 더 잘 파악할 수 있는 세상이 되었다. 내가 어느 순간 어떠한 영상에 가장 주의를 빼앗기는지, 그리고 내가 영상을 보는 중에 어떠한 광고 배너를 띄워야 클릭할 확률이 가장 높은지, 지금 이 순간에도 수많은 알고리즘이 당신의 뇌를 해킹하고 있다. 나의 뇌가 원하는 것이 뭔지 예측하는 알고리즘은 다음 스텝에서 나의 뇌가 특정 제품을 원하도록 만들 수도 있다. 그렇다면 우리는 다시 질문을 던져야 할지도 모른다. 사람들이 원하는 것은 그들 스스로가 원하는 것인가, 알고리즘이 원하는 것인가. 당신의 뇌가 이 사실을 알아야 한다.

좋아요를 클릭하고 구매버튼을 누르게 하는 힘

글 이욱정
다큐멘터리 PD. KBS 다큐멘터리 〈누들로드〉 〈요리인류〉를 기획하고 연출했으며, 〈이욱정 피디의 요리인류 키친〉에서는 프로듀서 및 진행자로도 활약했다. 〈주방의 철학자〉 〈도시의 맛〉 〈치킨인류〉 등 다수의 요리와 식문화 관련 프로그램을 제작했다. 2년에 걸쳐 10개국을 누비며 제작한 〈누들로드〉 시리즈로 2010년 방송통신위원회 방송대상 대상을, 〈요리인류〉로 2015년 제51회 백상예술대상 TV 부문 교양 작품상을 수상했다. 현재 서울시의 요리를 통한 도시재생사업 총괄 프로듀서를 맡고 있다.

화산 폭발로 사라진 고대 로마의 도시 폼페이에는 테르모폴리움Thermopolium이라 불리는 곳이 있었다. 뜨거운 것을 파는 곳이라는 뜻인데, 바로 식당이다. 벽에는 닭이나 오리가 그려져 있었고 손님들은 L자형 테이블에서 와인도 한잔하면서 고기 요리를 먹었다. 레스토랑의 초기 형태라고 볼 수 있는 이런 장소가 도시에 80여 군데 있었는데 그에 못지않게 번창했던 FnB 사업이 빵집이었다. 당시 빵집은 제분소 역할도 했다. 노예들이 제분용 맷돌을 돌려 만든 밀가루로 바로 반죽을 만들어 화덕에서 구웠다. 그런데 한 가지 매우 흥미로운 점은 빵 위에 베이커의 이름을 새긴 스탬프를 찍었다는 사실이다. 로마 시대에 빵 굽는 노동자는 대부분 노예였기 때문에 본인 이름 대신 '누구의 노예'라는 식으로 서명을 남겼다. 로마인들이 매일 수천 개씩 생산했을 빵에 일일이 생산자의 서명을 남긴 이유는 무엇이었을까? 당시 빵은 구워진 화덕의 역내에서만 유통되었기 때문이라는 설명도 있지만, 저질의 밀가루를 섞은 빵이 종종 유통되었기 때문에 이를 막기 위한 방책이었다는 해석이 더 신빙성 있어 보인다. 이것은 먹거리 분야에서 인류 역사 최초로 탄생한 브랜드였다고도 할 수 있는데, 그 배경에는 빵이 개별 가구가 아닌 공공의 주방에서 대량생산되고 유통된 최초의 식품이라는 사실이 있다.

문명의 시작은 도시의 탄생으로 이어졌고 도시는 식당과 빵집 같은 새로운 형태의 외식 사업을 낳았다. 가족이 아닌 생면부지의 타인이 만든 음식을 일상의 끼니로 먹기 시작했다는 사실은 혈연과 부족을 넘어선 보다 발전된 차원의 사회적 신뢰 관계가 성립되었음을 전제로 한다. 먹는 것 가지고 장난치면 벌받는다는 말이 있다. 우리는 식품에 대해서 유독 더 엄격한 윤리적 잣대를 들이댄다. 자동차 회사는 1억 원 가까이 하는 불량 제품을 팔았더라도 리콜만 잘하면 브랜드의 명성을 이어갈 수 있다. 하지만 식품 제조와 유통은 경우가 다르다. 한 봉지에 1000원 하는 라면이라도 문제가 한번 터지면 브랜드가 큰 타격을 입는다. 우리는 왜 이렇게 식품 제조와 유통 분야에 대해 다른 상품보다 엄격한 윤리적 잣대를 들이댈까? 그것은 지난 수만 년 동안 인류가 집밥을 먹어왔기 때문이 아닐까? 집밥은 가족 구성원 중에서도 가장 정서적으로 믿고 의지하는 어머니, 할머니, 누이들이 책임졌다. 그런데 엄마표 집밥에는 브랜드의 역설이 숨어 있다. 브랜드가 없으나 브랜드가 있다. 세상에서 가장 신뢰할 만한 브랜드가 엄마표이기 때문이다. 로마인의 빵에 새겨진 브랜드 표기는 밥의 외연이 가족의 울타리를 넘어서 보다 확장된 관계로 발전했음을 의미한다. 베이커의 이름을 기록한 브랜드는, 이 빵은 비록 엄마가 구운 것이 아니지만 믿고 먹어도 된다는 것을 보증하는 기명의 약속이다.

인류 문명과 시장의 발전은 사회적 약속의 확대의 증식 과정이다. 우리가 누군가에게 공격당할 걱정 없이 거리를 걷고 신용카드로 물건을 사고 식중독 걱정 없이 식당에서 밥을 사 먹을 수 있는 것도, 그런 보이지 않는 신용의 연결망이 구축되었기 때문이다. 오늘날 팬데믹 상황은 그러한 보이지 않는 신뢰 관계를 위협하고 있다. 우리는 복잡한 쇼핑몰에서 감염의 불안감을 느끼고 직접적인 대면과 물리적 터치를 멀리하게 되었다. 숙련된 요리사의 터치가 들어갔기에 추앙받던 '손맛'은 이제 바이러스의 위험이 있을지 몰라 기피 대상이 된다. 물리적 공간에 머물면서 불특정 다수의 타인과 어울려 물건을 사고 영화를 보고 음식을 먹는 일상적 행위가 두렵고 불안해진 시대. 그것은 도시와 문명을 가능케 한 확대된 신뢰의 축소를 의미하는 걸까? 아니다. 그 반대. 감염의 시대가 초래한 새로운 생활방식은 사회적 신용의 연결망을 엄청난 속도로 무한 확장하고 있다. 이제 우리는 눈으로 볼 수도, 만져보고 입어보고 먹어볼 수도 없는 물건을 온라인으로 주문하게 됐다. 한 번도 대면한 적 없는 의사, 변호사, 교사를 온라인으로 만나 서비스를 받는 세상이 이미 우리 코앞에 도래했다. 심지어는 그들이 실제 살아 있는 인간이 아니라 사람의 얼굴을 한 인공지능이라고 해도 상관없다. 대면하지 않고도 재화를 사고파는 언택트 소비의 시대, 신뢰할 만한 브랜드의 가치는 더 중요해질 수밖에 없다. 가상의 온라인 세계에서 브랜드의 가치는 끝없이 커질 수 있다. 댓글 창에서 얼굴 없는 익명은 의심을 낳지만 신뢰할수 있는 브랜드는 좋아요를 클릭하고 구매버튼을 누르게 한다.

소셜 벤처,
임팩트 투자
흥행이 가지는
의미

글 도현명

임팩트스퀘어 대표. 네이버 게임 부문에서 경험을 쌓은 뒤 2010년 임팩트 비즈니스 전문 컨설팅 기업, 임팩트스퀘어를 창업했다. 다수의 기업, 소셜 벤처, 스타트업 등의 CSV 전략을 개발하고 실행을 도왔다. FSG, SVT 그룹, SVI, 언차티드Uncharted 등 글로벌 전문 조직과 협업하며 사회적 가치 측정 모델을 전파하고 있다. 서울숲 소셜벤처 클러스터를 기획해 스타트업 간의 네트워크 형성에 힘쓰고 있으며, 대통령 직속 일자리위원회 자문위원으로 활동하고 있다.

요즘 활발한 스타트업 현장에서 유독 자주 들리는 개념이 있다. 물론 바이오나 인공지능에 비할 바는 아니지만 과거에는 그리 주목받지 못하다가 최근 수년간 빠르게 중요한 영역으로 자리 잡고 있는 소셜 벤처, 그리고 그런 기업이나 프로젝트에 투자하는 임팩트 투자가 그것이다. 미국에서는 최근 청년들이 가입하기 어려운 주택보험을 중심으로 보험 접근성을 크게 높인 소셜 벤처인 레모네이드가 10조 원의 가치를 기록했고, 아이언맨으로 유명한 로버트 다우니 주니어가 임팩트 펀드를 새롭게 만들었다는 뉴스도 있다. 국내에서도 작년에만 3개의 소셜 벤처가 각각 100억 원 단위가 넘는 시리즈B 투자를 유치하는 데 성공했다. 그 셋의 사업 영역도 하나는 자원 재순환, 다른 하나는 취약 아동의 학습, 마지막은 취약 계층의 혈액 진단으로 폭넓다. 과거의 생태계에서는 기대하기 어려웠던 괄목할 성장이다.

소셜 벤처는 사회문제를 해결하겠다는 미션을 가진 스타트업을 의미한다. 사회문제가 심각해진 상황에서 오히려 그 사회문제의 해결을 자신들의 기회로 삼고 있다. 사회문제를 잘 해결하는 것을 경쟁력으로 삼는 일이 그들의 성공 방정식이다. 기존의 기업은 사회문제에 관심이 별로 없었고 오히려 어떤 부분에서는 사회문제를 신경 쓰는 일이 비용이고 부담이라고 생각했다. 그러나 이제는 피할 수 없이 변화하는 경영 환경 속에서 기업도 바뀔 수밖에 없다.

실제로 시장에서 이야기하는 기회도 있다. 시장이 환경과 사회에 좀 더 좋은 제품과 서비스를 받아들이기 시작했다. 물론 전체 시장이 바뀌었다는 이야기는 아니지만, 소위 MZ세대라고 불리는 20~30대를 중심으로 점점 더 많은 고객이 환경과 사회를 고려한다. 파타고니아가 환경을 지키기 위해 자신들의 재킷을 사지 말라는 캠페인을 열면 오히려 열광하며 그 기업의 상품을 사는 고객들이 있다는 것이다. 버려지는 페트병을 재생해 만든 LAR의 신발은 영세한 소셜 벤처의 상품임에도 점점 더 입소문이 퍼지고 있다. 고객의 생각이 바뀌면 당연히 새로운 기회가 생긴다.

이런 흐름을 읽은, 그리고 환영하는 투자자들의 관심도 높다. 실제로 성장해 재무적 성과가 좋을 것이라 기대하는 투자자가 한편에 있다면, 기존의 사회문제 해결에 지원하던 재단이나 혁신을 추구하는 개인 독지가들의 자금이 소셜 벤처로 흘러간다. 그 돈은 더 빠르고 더 크게 성장할 수 있도록 돕는다. 국내에서도 SK그룹, 롯데그룹 등 여러 민간 기업이 임팩트 투자에 자금을 투여하기 시작했고, 정부도 2018년부터 4년이 되지 않은 지금까지 벌써 5000억 원에 가까운 펀드가 구성될 수 있도록 지원했다. 그리고 앞서 언급한 것처럼 하나씩 하나씩 성공 사례가 축적되기 시작하면서 과거와는 비교가 되지 않는 규모의 관심이 몰리고 있다.

국내 소셜 벤처, 그리고 임팩트 투자 생태계는 사상 유례없는 성장을 기록하고 있다. 그리고 이것은 단기간의 조정이 있을 수는 있지만 명확하게 미래지향적 흐름이다. 전 세계의 사회문제는 코로나19로도 증명되었지만 점점 더 우리 삶과 기업의 경영 환경을 어렵게 만들 것이다. 전 세계의 사회문제 해결 솔루션에는 큰 혁신이 필요해지고, 더 많은 자원이 그 사회 혁신에 배정되도록 문화와 제도가 움직이리라 예상된다. 그런 환경에서 가장 살기 좋은 기업이 소셜 벤처이고 이들의 든든한 지지 세력이 임팩트 투자다. 이들이 얼마나 건전하게 성장하는지가 우리 사회의 사회 혁신이 얼마나 지속될 수 있는지에 대한 잠재력의 설명이며, 반대로 우리 사회의 건전성이 이런 자발적 주체들의 도전이 얼마나 성공할 수 있게 만들어주는지에서 증명된다.

여전히 비즈니스의 중심에는 대기업과 대형 자본 그리고 그 상품 및 서비스를 소비하는 대중이 있다. 그러나 늘 변화는 변두리에서 일어나기 시작하고 그 작은 움직임이 충분히 유의미하다면 결국 전 생태계를 변화시킨다. 우리는 소셜 벤처와 임팩트 투자의 트렌드에서 그런 중요한 변화의 시작을 목격할 수 있다.

세계로 가는 노브랜드

오리지널리티를 갖춘 브랜드는 문화를 초월한다. 노브랜드는 상품으로 한국을 알리는
외교 문화 대사관 역할을 하고 있다.

노브랜드가 해외 진출 가능성을 엿본 것은 2013년 홍콩에서다. 홍콩 슈퍼마켓 파켄숍 PARKnSHOP에서 최초로 이마트 PB 제품을 판매하면서 큰 성공을 거둔 것이다. 이를 발판으로 이마트의 해외 진출에 대한 논의가 시작됐고, 이후 베트남과 몽골에 각각 이마트 1호점을 열면서 노브랜드 상품도 함께 선보일 기회를 마련했다. 한국에서도 큰 인기를 끈 감자칩과 쿠키를 포함한 전 상품이 해외 소비자에게도 호응을 얻으면서 노브랜드의 상품성을 확인하는 기회가 됐다. 2016년 노브랜드 사업을 시작하며 규모를 키워간 이마트는 소셜 미디어와 해외 유통 관계자들의 방한을 통해 해외 유통사들이 노브랜드에 보이는 많은 관심을 체감했다. 다양한 해외 유통사로부터 유치 제안을 받은 이마트는 숙고 끝에 최초의 노브랜드 전문점 진출 국가로 필리핀을 선정했다. 이를 두고 송만준 상무는 "필리핀은 성장 가능성이 높고 평균연령은 낮은 국가로 매력적인 시장 환경인 데다 협력 가능한 최적의 파트너사를 찾은 것이 결정적이었습니다"라고 선정 이유를 밝혔다. 2019년 필리핀 유통업계 2위를 차지하고 있는 종합 유통사 로빈슨스 리테일Robinsons Retail과의 협업을 시작으로 현재는 필리핀 로빈슨 갤러리아와 사우스 갤러리아 몰 마그놀리아, 아얄라

몰 서킷 안에 4호점까지 열었으며, 2021년 말까지 다른 지역 쇼핑센터에 11호점까지 입점할 계획이다.

철저한 현지 분석에 기반한 해외 진출

해외 시장에 진출하면서 노브랜드가 가장 심도 깊게 고민한 것은 노브랜드가 그들의 문화에 어떻게 스며들지에 대한 것이었다. 필리핀 소비자들이 한국 문화에 관심이 높은 만큼 제품 패키지 역시 한글 표기 그대로 판매하는 전략을 세웠다. 필리핀 협력사 로빈슨스의 노브랜드 바이어인 그레이스Grace는 노브랜드의 성공에는 한류가 큰 역할을 했다고 말한다. "실제로 필리핀 시장에서 한국 문화는 큰 인기를 끌고 있습니다. 단순히 연예인이나 드라마를 좋아하는 것을 뛰어넘어 한국 음식이 건강하고 맛있다는 인식이 있어 한국 식문화에 대한

관심도 높습니다." 필리핀 문화를 제대로 파악하고 그에 맞는 전략을 세운 노브랜드는 오픈 당일부터 여러 언론의 주목을 받으며 예상보다 3배 이상의 고객이 방문하는 쾌거를 이루었다. 하지만 단순히 한류 열풍의 후광으로 지금까지 현지인들에게 사랑받아온 것은 아니다. "필리핀에서 사랑받는 제품은 모두 맛도 좋고 합리적 가격이라는 공통점이 있어요." 바이어 그레이스의 말이다. 국내에서와 마찬가지로 좋은 품질과 가격은 필리피노들을 사로잡았고 다시금 노브랜드 제품을 찾게 만드는 원동력으로 작용했다. 현재도 필리핀 파트너사와 활발히 교류하며 필리핀 시장에 필요한 제품을 개발해 상품 라인업을 늘려가는 노브랜드는 더 많은 국가에 한국 제품을 소개하기 위해 준비 중이다.

한국 드라마와 음악·예능 프로그램 등에서 노출된 한국 제품에 관심을 갖는 필리핀 시장에서는 국내 소비자를 움직일 수 있었던 요소가 동일하게 통할 것이라 판단했다. 한국에서 사랑받은 제품을 해외 현지에서도 그대로 즐길 수 있다는 생각으로 내수용을 그대로 수출하고 있다.

노브랜드 국가별 수출 실적 현황		2020년 12월 기준
수출 국가	상품 수(SKU)	금액(억 원)
필리핀	785	37
몽골	1,009	29
중국	77	20
베트남	424	10
미국	38	3
일본	3	1
러시아	25	1
도매	549	20
운영상품 계	1,387	121

INTERVIEW

데이지 린Daisy Lyn
필리핀 노브랜드 식품사업본부장

필리핀 시장에서 노브랜드가 성공할 수 있었던 가장 큰 이유는 무엇일까요?

우선 필리핀은 한국 문화에 대해 기본적으로 우호적 시각을 가지고 있습니다. 이는 노브랜드가 필리핀 시장에 출범했을 때 자연스레 사람들의 관심을 끌 수 있는 바탕이 됐죠. 더불어 노브랜드의 뛰어난 품질과 합리적 가격, 다양한 제품군 같은 요소가 뒷받침되어 성공적 결과를 가져올 수 있었습니다.

필리핀에서 가장 인기 있는 제품은 무엇인가요?

오프라인에서는 노브랜드 쿠키, 감자칩, 짜장라면, 레몬티가 가장 잘 팔립니다. 또 저희가 입점한 온라인 쇼핑몰 메트로마트Metromart의 판매율을 보면 고르곤졸라 치즈 과자,

김가루, 자색감자칩, 흑미와 현미 햇반이 인기 상품이에요. 구매자 대부분이 혼자 사는 사람이어서 간편 식품과 스낵류의 인기가 높죠.

스낵류의 경우 필리핀 현지 과자보다 가격이 약간 높은데도 꾸준한 판매 상승률을 보이고 있습니다.

모든 고객이 입을 모아 말하는 점이 노브랜드 제품은 맛있고 품질이 좋다는 거예요. 가격이 다소 높지만 자신의 취향에 맞고 품질도 좋아 필리핀 소비자의 선택을 받을 수 있었던 것이죠. 필리피노들은 식사 후에 디저트를 빼놓지 않는데요, 이러한 문화도 노브랜드의 인기에 한몫한다고 생각해요. 메리엔다merienda라는 오후 간식 시간이 따로 있을 정도로 과자를 좋아하는데, 노브랜드가 선보이는 다양한 스낵류가 이곳의 문화와 잘 맞아떨어진 것이죠.

필리핀 소비자를 사로잡기 위해 가장 신경 쓰는 부분은 무엇인가요?

필리핀 소비자가 해당 제품에

익숙한지, 한국 드라마에서 본 적이 있는지, 또 제품에 대한 거부감이 없는지도 중요한 부분입니다. 외국 제품인 만큼 첫인상에 불편한 느낌을 가져서는 안 되니까요. 그리고 필리피노들이 꾸준히 즐겨 먹을 만한 맛인지, 제품 패키징은 어떤지, 가격은 합리적인지 같은 요소도 중점적으로 다루고 있습니다.

앞으로 필리핀 사업의 목표와 방향성에 대해 말씀해주세요.

한국에서와 마찬가지로 필리핀에서도 뛰어난 맛과 품질, 그리고 합리적 가격을 선보이는 브랜드로 인식되고 싶습니다. 메트로마트, 고로빈슨스GoRobinsons 같은 온라인 채널에서도 더욱 활발히 활동해 전국의 필리피노에게 다가갈 계획입니다. 지금처럼 상품성 높은 제품을 제시해 점포 추가 출점 및 로빈슨 슈퍼마켓 같은 다양한 포맷에 노브랜드 상품을 확대하는 형식으로 노브랜드의 가치를 전파해나갈 예정입니다.

상생의 가치

이마트의 사회적 책임 경영 가치 중 빼놓을 수 없는 중요한 두 가지가 바로 '사회 공헌'과 '동반 성장'이다.
전통 시장과 협업해 연이어 탄생하는 노브랜드 상생 스토어는 적대 관계를 공존으로 뒤바꾸는 실험적 시도로,
전통 시장과 대형 유통사가 동반 성장할 수 있는 가능성을 확인해주고 있다.

상생을 위한 지혜로운 해법

2016년 8월 30일 당진어시장에서
최초로 시작한 노브랜드 상생 스토어는
전통 시장과 지역 경제 활성화를
목표로 삼았다. 곳곳에 들어서는 대형
마트로 설 자리를 잃어가는 전통
시장을 지키며 서로 윈윈할 수 있는
방법을 꾀한 결과다. 상생 스토어는
대형 마트가 소상공인과 대립적 관계를
이루고 있다는 전통적 프레임에서
벗어나 대형 유통업체의 인프라와
자본에 전통 시장의 개성을 더해
새로운 상생 패러다임을 창출했다.
함께할 수 없을 것 같던 대형 마트와
재래시장을 하나로 합친 이 공간이
점점 쇠락해가는 지역 상권에 활기를
불어넣게 된 것이다. 주 소비자층과
취급 상품이 서로 다른 전통 시장과
노브랜드 전문점을 하나로 묶은 상생
스토어는 봉사 활동, 기부 같은 단발적
사회 공헌 차원을 넘어 시장 상인들의
자생력과 경쟁력을 고취함으로써 지속
가능한 동반 성장 모델을 만들어냈다.
한쪽이 없는 것을 다른 쪽이 보완하는
상부상조의 협력 관계를 구축해 경쟁
구도를 탈피하도록 한 것이다. 더불어
대형 마트의 쾌적함과 편리함을
선호하는 젊은 세대를 끌어들이는
앵커 테넌트anchor tenant 역할을
담당해 새로운 고객을 이끌고 침체된
재래시장의 활성화를 가능케 했다.
실제로 노브랜드의 첫 번째 상생
스토어인 당진어시장점은 일평균
시장 방문율을 2배 이상 끌어올렸고

20~40대를 시장으로 이끄는 데
성공했다. 상생 스토어를 처음
기획할 때 목표한 대로 방문 고객
수가 증가했을 뿐 아니라 연령층까지
넓히는 성과를 이룬 것이다. 그뿐
아니라 노브랜드는 상생 스토어의
청년 상인 육성 및 지원 프로그램을
통해 꾸준한 상생 관계를 이어가고자
노력한다. 기성세대만 전통 시장을
이용한다는 선입견을, 임대료와
관리비 걱정 없이 사업을 시작할
수 있는 청년마차와 청년몰을
마련함으로써 차근차근 깨나갔고,
이는 동시에 시장 내 세대교체
가능성을 확인하는 계기가 됐다.
겉으로만 상생을 추구하며 상권을
확장하려는 것이 아닌, 기존 틀을
지키며 이를 발판으로 성장해나갈 수
있는 공존의 해법을 보여준 것이다.

소통하는 상생 스토어

전통 시장에는 사람들이 소통하며 쉬어 갈 수 있는 장소가 극히 드물다. 노브랜드는 상생 스토어 방문자들이 서로 교류하며 머무를 수 있는 공간을 만들어 전통 시장에 대한 인식을 바꿔나가고 있다. 상생 스토어 안에 전통 시장에서 판매하는 품목을 제외한 노브랜드 전문점만 입점시키는 것이 아니라 카페, 어린이 도서관, 놀이터, 커뮤니티 공간 등 사람들이 모일 수 있는 장소를 만드는 것이다. 일종의 복합 단지를 구성함으로써 다양한 연령층의 고객이 꼭 뭔가를 사지 않더라도 상생 스토어에 들러서 쉬거나 즐길 수 있도록 했다.

여주한글시장점의 경우 서점과 로컬 상품 매장을 유치해 하나의 문화

공간을 창출했고, 안동구시장점은 아이와 함께 온 젊은 엄마들을 위해 어린이에게 초점을 맞춘 도서관과 편의 시설을 제공한다. 이처럼 상권의 특성과 고객층을 파악하고 각 장소에 맞게 필요한 콘텐츠가 무엇인지 고민해 저마다 특성이 다른 공간을 창출해낸 것이다. 이는 한 공간에서 여러 가지 체험을 원하는 요즘 고객들의 니즈를 전통 시장으로 연결, 상생 스토어라는 일종의 복합 커뮤니티를 통해 노브랜드가 지역사회에서 긍정적 역할을 하길 기대하는 마음을 담은 것이다. 상생 스토어는 대형 유통사의 압박과 온라인 상거래 증가 속에서 전통 시장의 고충이 더욱 가중되는 요즘, 소비자들이 오프라인 매장에서 원하는 것이 무엇인지 파악하고 이를 제공함으로써 새로운 가능성을 도모하는 장으로 기능한다.

1 노브랜드 상생 스토어는 시장과 협의해 시장의 주력 상품인 신선 식품은 취급하지 않는다.
2 당진어시장점 노브랜드 입구.
3 여주한글시장점의 전시 문화 공간.
4 서울경동시장점의 어린이를 위한 카페 숲SOOP과 커뮤니티 공간.
5 서울경동시장점의 실내 놀이터. 어린이를 동반한 가족을 위해 실내 놀이터를 마련했다.

2016

당진어시장점
설립 연도 2016년
규모 413㎡
가공식품, 공산품, 신선 식품까지 한 번에
구매할 수 있는 원스톱 쇼핑 가능.

2017

구미선산봉황시장
설립 연도 2017년
규모 436㎡
1993년부터 약 20년간 비어 있던 공간에
청년몰, 카페, 어린이 놀이터가 함께 입점.

안성시장
설립 연도 2017년
규모 476㎡
동네 마트와 한 공간에서 운영하는 최초
사례. 청년 창업 지원 사업 진행.

여주한글시장
설립 연도 2017년
규모 297㎡
중앙서점 및 포토 존 마련, 시장협동조합
제품 판매 공간 무상 제공.

2018

서울경동시장
설립 연도 2018년
규모 495㎡
서울 내 최대 규모의 상생 콘텐츠 운영(어린이
놀이터, 고객 쉼터, 도서관 등).

대구월배시장
설립 연도 2018년
규모 459㎡
시장에서 판매하는 신선 식품 제외.
지역 커뮤니티 센터 및 사회적 경제 기업
홍보관 설치.

안동구시장
설립 연도 2019년
규모 145㎡
시장 규모에 맞춘 최초의 소형 상생 스토어.
고객 편의 시설 및 어린이 장난감 대여실
마련.

대전산성전통시장
설립 연도 2019년
규모 274㎡
시장 중심에 위치해 집객 효과 도모.

문경중앙시장
설립 연도 2020년
규모 198㎡
상인회와 노브랜드 간 공동 마케팅. 지역
특산품 매장 지원.

제천중앙시장
설립 연도 2019년
규모 264㎡
청년마차(청년 임대료 및 관리비 무상 지원
프로그램) 마련.

인천장승백이시장
설립 연도 2019년
규모 360㎡
이마트 어린이 도서관 및 간편·신선 식품 마련.

주문진수산시장
설립 연도 2020년
규모 241㎡
청년마차 및 복합 문화 공간 마련.

삼척중앙시장
설립 연도 2019년
규모 314㎡
삼척시에서 162억 원을 투자받은
민·관·기업의 협업 및 청년몰 사업 지원.

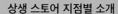

상생 스토어 지점별 소개

2016년을 시작으로 약 4년간 전국에 14개 매장이 문을
열었다. 청년 상인을 지원해주는 매장부터 서울 내 최대 규모의
상생 콘텐츠를 운영하는 매장까지 지점마다 특성이 다르다.

언제, 어디서나,
모두가 누리는 노브랜드 경험

브랜드의 홍수 시대를 살고 있는 지금, 소비자가 만들어준 '가성비 노브랜드'라는 수식이 더욱 값진 훈장처럼 느껴진다. '브랜드가 아니다. 소비자다'라는 명료한 명제는 앞으로 노브랜드가 나아가고자 하는 길을 알려주는 이정표와 같다.

언제, 어디서나, 모두가 누리는 노브랜드 경험은 무엇일까? 여전히 고민 중이지만 노브랜드만이 가지고 있는 잠재력을 통해 사업을 더욱 견고히 하고 지금까지 경험하지 못했던 새로운 영역에 노브랜드의 DNA를 심는 것은 앞으로의 과업이라고 할 수 있다. 다양한 영역에서 고객이 필요로 하는 가성비의 영역이 있다면 그곳이 바로 노브랜드가 도전해야 할 분야가 될 것이다.

오프라인 전문점은 노브랜드가 고객과 가장 가깝게 만날 수 있는 접점이다. 이곳에서 고객은 노브랜드를 체험하고 구매한다. 노브랜드는 국내 최초의 PB 전문점 매장이란 타이틀과 함께 시장을 뒤흔드는 인서전트insurgent 브랜드로서 많은 사랑을 받아왔다. 앞으로 오프라인 전문점은 단순히 상품을 구매하는 장소가 아니라 다양한 경험을 누릴 수 있는 공간으로서의 역할이 더 요구될 것이다. 노브랜드 매장 역시 끊임없이 진화하며 고객의 잠재된 니즈를 구현해가는 차별화된 매장이 되고자 한다.

ESG가 화두인 요즘, 노브랜드는 2016년부터 출점해온 상생 스토어를 지속적으로 개발할 예정이다. 노브랜드는 구호로 외치는 상생이 아닌 사회적 문제와 갈등에 대해 한 걸음 더 안으로 들어가 실질적으로 해결하고자 하는 노력을 지속하고 있다. 상생 스토어를 통해 전통 시장과의 시너지를 만들어내고 이로써 함께 성장하는 모델을 만들어내고 있다.

기존에 없던 새로운 경험을 위해서 오프라인을 뛰어넘는 온라인 비즈니스도 준비 중이다. 공간과 시간의 제약 없이 노브랜드를 경험할 수 있도록 하여 고객이 원하는 다양한 욕구를 충족시키고자 한다. 노브랜드가 가진 합리적 소비 패턴을 온라인 플랫폼에도 적용해 고객이 가성비 높은 상품을 쉽고 빠르게 구매할 수 있게 하는 것이다. 앞으로 노브랜드가 만들어갈 새로운 매장 형태는 아직은 상상처럼 느껴질 수도 있다. 매장은 있으나 상품이 없는, 하지만 고객들의 쇼핑경험은 더 넓어지는 가상현실 기반의 온·오프라인 통합 플랫폼을 기획해 많은 고객들이 미래의 쇼핑 경험을 해볼 수 있도록 할 것이다.

노브랜드가 가진 가장 강력한 힘은 소비자가 만들어준 브랜드 아이덴티티다. 새로운 영역에 도전할 때 브랜드의 명확한 철학을 구현할 수 있다면 사업을 성공적으로 추진할 수 있을 것이다. 이러한 관점에서 볼 때 노브랜드는 무한한 영역의 확장성을 가지고 있다. 세상에는 '노브랜드화'가 필요한 부분이 너무나도 많다. 여전히 많은 부분에서 공급자 중심의 사업 모델로 인해 소비자 효용이 간과되고 있다. 노브랜드는 이러한 부분에 더욱 관심을 가질 것이다. 소비자가 중심이 되는 노브랜드 경험을 구현해 다양한 산업 분야에서 '경험의 가성비'를 높이고자 한다. 고객의 지지를 통해 얻은 사랑을 다시 고객에게 돌려주는 것이 노브랜드가 앞으로 가야 할 길이기 때문이다.

노브랜드의 최종 목표는 한국을 뛰어넘어 세계인에게 사랑과 지지를 받는 브랜드가 되는 것이다. 이 같은 노력은 이미 필리핀을 비롯한 19개국에서 실현되어 많은 세계인들이 노브랜드 상품에 지지와 사랑을 보내고 있다. 외국 여행에서 한국 제품이나 한국 브랜드가 보일 때 느껴지는 자부심과 자긍심을 한 번쯤 경험해보았을 것이다. 노브랜드를 통해 한국을 알리고 한국 상품의 우수성을 세계에 알리는 역할에 노브랜드의 역량을 쏟고자 한다.

'브랜드가 아니다. 소비자다'

이 한 문장의 파워가 이제 상품을 넘어 브랜드로, 브랜드를 넘어 글로벌의 표준으로 자리매김할 수 있을 때까지 노브랜드의 끊임없는 도전은 계속될 것이다. 물론 그 도전의 중심에는 소비자가 있다.

노브랜드 사업부장 송만준

우리만 알던 노브랜드에서
모두가 아는 노브랜드가 되기까지

최진일
(전)사업기획팀장

회사에 다양한 프로젝트가 존재하지만 창업과 관련한 프로젝트를 경험할 기회는 적습니다. 당시 노브랜드 프로젝트는 사업의 A부터 Z까지 해볼 수 있는 매우 흥미로운 프로젝트로 기억됩니다. 기획부터 실행까지 사업 전체 프로세스를 개발해야 하므로 지식의 스펙트럼이 넓어야 하는데 그렇지 못해 많은 시행착오를 통해 배워갔습니다. 기획 단계에서는 사업에 대한 동인과 공감도가 높지 않은 상황에서 내부 투자를 승인받아야 하고, 사업 모델에 대한 성공 방정식을 증명해야 하기 때문에 부담감과 책임 의식이 컸던 것 같습니다. 2015년 HDS 비즈니스 모델과 2019년 프랜차이즈 사업을 기획해 1호점을 론칭했을 때 고객들이 보내준 미소가 가장 큰 보람이었고, 사업 기획 첫 PT에서 부회장님이 전한 '세상에 단 하나뿐인 어메이징한 브랜드와 스토어'를 지향해야 한다는 메시지가 긍정적인 에너지로 작용했던 것 같습니다. 무엇보다 단 하나뿐인 노브랜드를 통해 고객이 받는 혜택에 작은 기여를 할 수 있었던 소중한 경험이었습니다.

윤인덕
프로젝트 매니저

노브랜드라는 새로운 업무를 수행한 경험이 저 자신에게 큰 재산이 되었다고 생각합니다. '잘할 수 있을까?'라는 걱정이 있었지만 유관 부서와, 특히 주위 선후배들의 도움으로 해낼 수 있었으며, 저 자신에게도 새롭게 회사 생활을 할 수 있는 원동력이 되었습니다. 노브랜드라는 브랜드 자산은 앞으로 더 많은 신기하고 재밌는 사업 모델을 보여줄 것으로 기대됩니다. 그래서 노브랜드 북은 끝이 아닌 시작이라고 말하고 싶습니다. 1호점 오픈 준비부터 상생 스토어 기획 그리고 해외 사업까지 수행하면서 회사로부터 많은 혜택을 받았으며, 앞으로 이 혜택과 배움을 구성원들에게 돌려줄 수 있는 기회를 갖고 싶습니다. 새로운 브랜드를 만들고 성장시키는 경험은 시간을 되돌릴 수 있다면 다시 한번 경험해보고 싶을 만큼 짜릿하고 즐거운 시간이었습니다.

허영재
신선식품 바이어

노브랜드와 함께했던 시간은 갖춰진 것이 전혀 없이 맨바닥에서 기초를 하나하나 쌓으며 신규 사업을 진행해 나가는 뿌듯함과 자부심을 가질 수 있었던 경험이었습니다. 매장도 없고 제작 수량도 담보할 수 없는 상황에서 협력사를 설득하고 어렵게 상품을 개발해 첫 생산품을 받았을 때의 희열이 아직도 생생합니다. 2016년 8월, 무더운 여름날 1호점 오픈을 위해 함께 매장에서 흘렸던 땀방울이 씨앗이 되어 많은 고객들로부터 사랑받고 있는 노브랜드를 바라보고 있으면, 1993년 이마트 1호점인 창동점 오픈 시 선배들이 느꼈던 감정이 고스란히 전해지는 것 같습니다. 앞으로도 초심을 잃지 않고 고객에게 집중하며 세상을 바꿔나가는 노브랜드가 되기를 기대합니다.

김상규
신선식품 바이어

2016년 7월 제주도에서 휴가를 보내던 기간에도 노브랜드 냉동 수산 상품을 위해 수십 번 협력 회사와 통화하며 최종 결과물을 만들어냈던 기억과 노브랜드 1호점인 용인보라점에서 최초 생산 결과물을 직접 눈으로 확인했을 때의 희열을 아직도 잊을 수 없습니다. '노브랜드는 컨셉 비즈니스다'라는 철학을 녹여내기 위해 수많은 시행착오를 겪으며 완성할 수 있었습니다. 이러한 노력의 결과 '노브랜드 냉동 삼겹살', '노브랜드 냉동 닭가슴살', '노브랜드 냉동 양념육', '노브랜드 빅 사이즈 새우', '직화 곱창·막창' 등 세상에 없던 놀라운 가격의 상품을 선보이고 고객들에게 만족한다는 피드백을 받았을 때 그 기쁨은 무엇과도 바꿀 수 없을 정도로 소중했습니다. 앞으로도 노브랜드가 많은 고객에게 사랑받는 국민 브랜드로 인식되도록 '믿고 먹는 상품'을 만드는 데 최선을 다하겠습니다.

김광모
가공식품 바이어

2015년 여름에 새로운 업무를 맡아 새로운 구성원과 신사업을 한다는 것에 대한 두려움보다는 무에서 유를 창조해 보고자 하는 기대감에서 더욱 재미있게 일했던 기억이 납니다. 상품 운영 SKU 및 아이템을 정하는 순간부터 실질적으로 상품을 개발하는 순간까지 많은 어려움이 있었습니다. 이렇게 대대적으로 PL 상품을 개발한 경우가 없었기에 제조사 입장에서도 성공할 수 있는 사업인지에 대한 의심이 많았고 이러한 협력 회사를 설득해 함께 비전을 공유하는 부분이 가장 힘들었습니다. 하지만 현재는 이마트 내에서 성공한 사업으로 자리를 잡게 되어 함께 협력해준 모든 분들께 감사한 마음이 듭니다. 이제는 조직도 커지고 매장과 상품이 늘어남에 따라 새로운 고민과 부담이 생기지만 고객들에게 새로운 상품으로 만족을 드리고자 또 다른 노브랜드를 개발하고 있습니다.

최경진
가공식품 바이어

2016년 초여름, 입사한 지 3개월이 갓 지난 신입 사원인 저에게 떨어진 미션은 노브랜드 전문점의 성공적 오픈! 비가 억수같이 쏟아지던 7월의 어느 날 비밀연구소에 모여 노브랜드 전문점 사업의 최종 보고를 진행했던 그날을 잊을 수 없습니다. '아, 이렇게 신사업이 시작되는구나! 그 기로에서 신입으로 합류하게 되었고, 나의 직장 생활은 여기서 시작되겠구나. 성공하고 싶다! 노브랜드도, 나의 첫 직장 생활도!' 9인 9색 식품 바이어님들의 하나뿐인 AS 바이어로 신선 식품부터 가공식품까지 다양한 상품을 넘나들며 상품 등록부터 발주, 진열까지 고군분투의 시간이었습니다. 첫 출근을 준비하며 마련한 재킷은 옷장에 고이 넣어 두고, 면장갑에 청바지가 출근 복장! 서울, 수원, 대전, 부산, 울산 등 전국 각지에 노브랜드를 오픈하며 업무에 대한 부담보다는 해냈다는 보람이 더 컸습니다. 직장 생활을 파도에 비유한다면, 큰 파도가 칠 때 그 파도가 집어삼켜 무너지는 사람이 있는가 하면 그 파도 위에서 서핑을 하며 스릴을 즐기는 사람이 있는 것 같습니다. 그렇다면 저는 지난 5년의 시간 속에서 신나게 서핑을 즐긴 후자였던 것 같습니다. 대한민국 최초 하드 디스카운트 스토어 노브랜드는 여전히 새로운 파도가 치고 있는 도전의 연속입니다. 5년 전 AS 바이어로, 그리고 이제는 상품개발자이자 바이어로 상품을 통해 고객과 만나는 일은 언제나 절 설레게 합니다.

배성우
키친용품 바이어

노브랜드 상품 개발에서 어려운 점은, 소비자의 니즈는 다양한데 노브랜드의 원칙과 기준에 맞추어 엄선한 단 한 가지 상품을 고르는 것이었습니다. 기능과 품질, 모양, 색상, 가격 등 고려할 것은 많았고, 노브랜드는 론칭 전이라 실제 어떤 고객을 맞이하게 될지 막연했습니다. 바이어들끼리 모여 매주 개발 미팅을 하며 의견 교환을 하고 타깃 고객을 설정해가는 과정이 상품 개발에 많은 도움이 되었습니다. 지금은 여러 번의 시행착오를 거쳐 노하우가 쌓였고 노브랜드를 아껴주시는 고객들도 조금 더 분명해져, 고객이 더 좋아할 수 있는 방향으로 조금씩 개선하는 작업을 하고 있습니다. 브랜드의 성장과 고객 라이프스타일의 변화로 상품도 많이 달라지고 발전했습니다. 앞으로도 좋은 품질의 상품을 합리적인 가격에 제공한다는 불변의 가치로 계속 사랑받는 브랜드로 남았으면 좋겠습니다.

김진희
리빙용품 바이어

1호점 오픈부터 함께해온 노브랜드이기에 최근 부쩍 많아진 노브랜드 전문점을 볼 때마다 뿌듯함과 부담스러운 마음이 교차됩니다. 상품을 개발할 때에 항상 바이어(공급자) 입장이 아닌 소비자(수요자)의 만족을 위한 상품을 개발하고자 노력하는데 여전히 그 과정이 쉽지만은 않습니다. 매출이 좋을 것으로 예상했던 상품이 소비자의 선택을 못 받는 경우도 있고, 오히려 크게 기대하지 않았던 상품이 기대 이상의 결과를 가져다주는 경우도 있습니다. 이 모든 경험은 고객을 좀 더 이해하고 더 나은 상품을 선보이기 위해 겪어야 하는 과정이라고 생각합니다. 아직까지는 노브랜드의 비식품 상품이 다소 생소하게 느껴질 수 있지만 한번 사면 헤어나올 수 없는 매력을 느낄 수 있도록 좋은 상품으로 무장해나가겠습니다.

전희재
노브랜드 전문점 운영팀장

다양한 리테일 업태에 종사하며 각 업태별 특성에 대해 많은 경험을 해봤는데 노브랜드 HDS 업태를 처음 접했을 때 '군더더기 없고 명쾌하고 신선하다' 는 인상이었습니다. 이러한 인상이 여전히 이어지고 있다는 사실에 자화자찬을 하고 싶을 정도입니다. 점포 영업과 현장 관리 업무를 담당하는 팀장으로서 계속되는 우리 매장의 변화무쌍하고 실험적인 요소에 불안한 적이 없었던 것은 아니지만 그때마다 느껴지는 고객들의 따뜻한 반응에 늘 가슴이 뭉클했습니다. 앞으로도 노브랜드의 은빛 여울이 지속되어 모든 고객에게 새로운 영감을 주고 기분 좋은 경험을 주는 '리테일 테라피' 선두 주자가 될 수 있도록 쉼 없이 정진하겠습니다.

공인원
신사업 기획 매니저

노브랜드를 보면 '창업가 정신'이 생각납니다. '진취성, 혁신성, 위험 감수성'으로 대변되는 창업가 정신이 그동안 노브랜드가 걸어온 길을 보여주는 것 같습니다. 많은 사람들의 우려와 관심 속에 시작된 프로젝트로, 남들이 하지 못한 진취적인 생각, 기존 방식이 아닌 새로운 관점의 혁신적인 아이디어, 그리고 과감한 투자를 위해 위험을 감수했던 시간들이 모여 지금의 노브랜드로 완성된 듯 합니다. 지난 시간 동안 상품 개발과 매장 기획 및 운영과 점포 매니저 등 수많은 분들의 최선의 노력이 모여 여기까지 오게 되었음에 모든 분들께 감사의 인사 전합니다. 이미 많은 고객에게 사랑받고 있지만 여전히 노브랜드가 해야 할 일이 많이 남아 있습니다. 과거의 노력과 영광에 자만하는 것이 아닌, 다가올 미래와 변화할 트렌드 속에서 노브랜드만의 '경험의 가성비'를 고객에게 제공하기 위해 다양한 시도를 해나갈 것입니다. 그 중심에는 고객을 향한 진심이 자리할 것입니다. 노브랜드의 새로운 도전에 힘을 보태 더 많은 고객들에게 기억되는 브랜드를 만들겠습니다.

김정기
전문점 운영 매니저

2016년 12월 노브랜드 사업부로 발령을 받아 200여 개점을 오픈하면서 육체적으로 많이 힘든 적도 있었습니다. 하지만 서로 의지하고 도와가면서 오픈점 당일 매출 신기록도 달성해보고, 오픈 첫날 상품이 완판되어 다음 날 전 상품 진열을 다시 했던 웃지 못할 경험도 있었습니다. 또 한겨울 영하 10도 추위에도 고객들이 노브랜드 점포를 한 바퀴 돌아 줄을 서서 오픈 시간을 기다리는 모습을 보며 자부심과 뿌듯함을 느끼기도 했습니다. 이제는 사업이 조금씩 안정화되는 동시에 많은 고객들에게 사랑받고 있어서 감사한 마음이 더 커졌습니다. 향후 사업이 지속적인 성장을 할 수 있도록 더 노력해야겠다는 책임감이 늘 마음속에 자리해 있습니다.

Store List

2021년 4월 운영점포 기준

점포 구분	지점명	주소	전화번호
직영점	강남대치역점	서울 강남구 남부순환로 2947, B1층 B103호 (대원빌딩)	02-3453-9775
직영점	강남삼성점	서울 강남구 삼성로 633 (삼성동)	02-541-7285
직영점	강남세곡점	서울 강남구 헌릉로569길 29	02-2226-8661
직영점	강남역삼점	서울 강남구 강남대로 324	02-2051-9666
직영점	강남터미널점	서울 서초구 신반포로 194 지하층 대형1호	02-537-8491
직영점	강남한티역점	서울 강남구 선릉로 318 1층	02-2052-1008
직영점	강서가양점	서울 강서구 양천로410, 1층	02-3665-7661
직영점	강서마곡점	서울 강서구 마곡서로 101, 1층 127~132호 (동익드미라벨 복합빌딩)	02-2667-0151
직영점	거제아주점	경남 거제시 아주2로 51(아주동)	055-682-5773
직영점	거제양정점	경남 거제시 양정동 922-3 1층 101호	055-638-4850
직영점	경산정평점	경북 경산시 대학로 44, 1층	053-811-2950
직영점	고양도내점	경기 고양시 덕양구 도래울1로 61(도내동)	031-968-9196
직영점	고양마두점	경기 고양시 일산동구 일산로 255, 1층	031-932-6731
직영점	고양스타필드점	경기 고양시 덕양구 고양대로 1955 스타필드 고양점 B1층	031-5174-1000
직영점	고양신원점	경기 고양시 덕양구 신원동 634-1, 1층	02-381-9692
직영점	고양위시티점	경기 일산 동구 위시티로2로 33	031-968-9201
직영점	고양정발산점	경기 고양시 일산동구 대산로 23	031-923-4930
직영점	고양풍동점	경기 고양시 일산동구 고일로 134,다동(풍동)	031-932-6522
직영점	고양행신점	경기 고양시 덕양구 용현로 9, 제1층 (행신동)	031-979-5982
직영점	공주신관동점	충남 공주시 신관동 670-6	041-881-9971
직영점	광명소하점	경기 광명시 한내일로 53	02-899-9390
직영점	광명역점	경기 광명시 일직동 511-4(108-111호, 복도 포함)	02-899-8711
직영점	광주초월점	경기 광주시 경충대로 1215	031-798-0746
직영점	광주태전점	경기 광주시 태전동 162-4	031-768-9064
직영점	구리갈매점	경기 구리시 갈매동 아이파크 에비뉴C동 1층	031-575-5126
직영점	구리인창점	경기 구리시 인장동702-1	031-554-4782
직영점	구미선산시장점	경북 구미시 선산읍 단계동길24 A동 2층선산봉황시장)	054-482-9633
직영점	구미진평점	경북 구미 진평동 85-2	054-476-2129
직영점	군포당동TR점	경기 군포시 삼성로 74	031-361-3494
직영점	김천율곡점	경상북도 김천시 율곡동 359	054-435-7263
직영점	김포운양점	경기 김포시 김포한강11로 312, 1층 108~114호 (리앤포레2)	031-996-4255
직영점	김포장기점	경기 김포시 장기동 2019-3	031-989-4268
직영점	김포장기청송점	경기 김포시 청송로 8, 1층 104호 (석권에듀프라자)	031-996-6994
직영점	김포풍무TR점	경기 김포시 풍무동 16-10	031-8048-5663
직영점	김해구산점	경남 김해시 구산동 1051-2	055-336-8847
직영점	김해진영점	경남 김해시 진영읍 장등로 122번길 79, 1층 101~108호	055-346-7256
직영점	나주빛가람점	전남 나주시 상야4길 22 1층 노브랜드 나주 빛가람점	061-331-9474
직영점	남양주다산점	경기 남양주시 다산중앙로 123번길 7-14 다산퍼스트타워(111~115호)	031-554-3752
직영점	남양주도곡점	경기 남양주시 와부읍 덕소로 269, 동성빌딩 1층	031-577-9511
직영점	남양주별내점	경기 남양주시 별내면 청학리 414 주공프라자 1층	031-856-8078
직영점	남양주오남점	경기 남양주시 오남읍 진건오남로 506	031-575-0860
직영점	남양주진접점	경기 남양주시 진접읍 봉현로 14번길 11	031-575-6351
직영점	남양주퇴계원점	경기 남양주시 퇴계원면 퇴계원로 116	031-575-9305
직영점	남양주평내점	경기 남양주시 평내동 117-5	031-595-7506
직영점	남양주호평점	경기 남양주시 호평동 68번길 7	031-595-6882
직영점	남양주화도2점	경기 남양주시 화도읍 경춘로 1645	031-595-8795
직영점	남양주화도점	경기 남양주시 화도읍 창현로 57	031-595-9347

점포 구분	지점명	주소	전화번호
직영점	노원상계점	서울 노원구 상계동 1040-18	02-3392-4882
직영점	노원중계점	서울 노원구 중계동 311-25	02-3392-5380
직영점	논산내동점	충남 논산시 내동 312-5	041-736-9666
직영점	당진어시장점	충남 당진시 당진시장길 100(읍내동)	041-357-9590
직영점	당진원당점	충남 당진시 원당동 851, 851-3상의 1층 전체	041-356-9261
직영점	대구월배시장점	대구 달서구 월배로 24길 13, A동 1층 (월배시장 내)	053-637-9330
직영점	대전가수원점	대전 서구 도안동로 12번길9, 1층(가수원동)	042-543-8177
직영점	대전가오점	대전 동구 은어송로72, 2층	042-286-9560
직영점	대전갈마점	대전 서구 갈마동 1496 다우갤러리휴리움아파트 상가 1층 103~108호	042-537-8680
직영점	대전관저점	대전 서구 구봉로 139, 1층	042-545-8521
직영점	대전관평점	대전 유성구 테크노중앙로 60, 1층	042-936-9607
직영점	대전노은점	대전 유성구 노은동로 75번길 52, 1층	042-824-7783
직영점	대전둔산점	대전 서구 대덕대로 230. 2층	042-489-7801
직영점	대전문지점	대전 유성구 문지로 299번길 66	042-862-8571
직영점	대전산성시장점	대전 중구 보문산로63번길 23(산성동)	042-587-9007
직영점	대전세이점	대전 중구 계백로 1700, 지하1층일부(문화동,백화점세이(본관))	042-257-9174
직영점	대전용계점	대전 유성구 용계동664-4 (스타타워)1층	042-824-8979
직영점	대전유성온천점	대전 유성구 계룡로 150, 1층 104~107호 (승호빌딩)	042-824-9058
직영점	대전죽동점	대전 유성구 죽동로297번길38	042-824-4330
직영점	대전중촌동점	대전 중구 중촌동 391-8필지 외	042-257-9952
직영점	대전지족점	대전 유성구 지족북로 78	042-823-8342
직영점	대전탄방점	대전 서구 탄방로 8, 제1층(탄방동, 진양빌딩)	042-489-8382
직영점	대전판암점	대전 동구 옥천로 178	042-286-8757
직영점	동대문두타몰점	서울 중구 장충단로 275, 4층 1호	02-2279-7943
직영점	동대문장안점	서울 동대문구 한천로 42 위더스빌딩 지하1층	02-2217-8101
직영점	동탄더블루점	경기 화성시 노작로 203	031-8015-1780
직영점	마리오아울렛점	서울 금천구 디지털로 벚꽃로 266길, 지하1층 (마리오아울렛 3관)	02-2067-2139
직영점	문경중앙시장점	문경시 중앙시장길 25, 1층	054-555-6103
직영점	보령동대점	충남 보령시 한대로 73, 1층	041-936-9780
직영점	부산다대점	부산 사하구 다대로 447	051-266-8410
직영점	부산아울렛점	부산 기장군 장안읍 정관로 1133 신세계프리미엄 아울렛 1층	051-940-1102
직영점	부천상동역점	경기 부천시 상동 533-10	032-329-7402
직영점	부천상동점	경기 부천시 상동 584-5	032-329-9415
직영점	부천상이동점	경기 부천시 조마루로 87(상동)	032-329-8930
직영점	부천옥길스타필드점	경기 부천시 옥길로1(옥길동)	02-6386-1179
직영점	부천중동점	경기 부천시 원미구 중동 1126-2(102,104, 105)	032-329-7674
직영점	삼척중앙시장점	강원 삼척시 중앙로 12-21	033-575-9395
직영점	서대문신촌점	서울 서대문구 창천동 13-2	02-362-9560
직영점	서산예천점	충남 서산시 남부순환로 1037 노브랜드 서산예천점	041-668-8680
직영점	서울경동시장점	서울 동대문구 고산자로 36길 3 신관 2층	02-3295-4785
직영점	서울서초점	서울 서초구 서초대로73길 7	02-537-5827
직영점	서울서초G5점	서울 서초구 서초중앙로24길 27	02-537-8217
직영점	서초방배점	서울 서초구 방배로 110, 1층 일부(방배동)	02-2055-2148
직영점	성남여수점	경기 성남시 중원구 여수동 617	031-759-5697
직영점	성남이매2점	경기 성남시 분당구 이매동 137-2	031-724-0107
직영점	세종나성점	세종시 한누리대로 275	044-868-3853
직영점	세종대평시장점	세종시 금남면 용로포 116, 1층	044-868-8618

점포 구분	지점명	주소	전화번호
직영점	세종소담점	세종시 소담1로 16 지엘플렉스 2 제1동 1층	044-868-3481
직영점	세종아름점	세종시 보듬3로 150,1층(아름동)	044-868-3805
직영점	세종조치원점	세종 조치원읍 세종로 2282	044-868-6170
직영점	송파문정점	서울 송파구 법원로 55, 송파 I-PARK 상가 1층	02-449-7210
직영점	수원망포점	경기 수원시 영통구 영통로200번길 130	031-273-8461
직영점	수원영통역점	경기 수원시 영통동 989-7(110~113호)	031-273-8586
직영점	수원오목천점	경기 수원시 권선구 오목천로 37	031-298-8559
직영점	수원이의점	경기 수원시 영통구 에듀타운로 84, 105-109호(이의동, 세븐스퀘어)	031-216-6820
직영점	수원천천점	경기 수원시 장안구 정자로20번길 10(천천동)	031-271-9116
직영점	수원호매실2점	경기 수원시 권선구 호매실동 1397	031-298-7450
직영점	수원호매실3점	경기 수원시 권선구 호매실동 84-8 외 1층	031-278-7022
직영점	수원호매실점	경기 수원시 권선구 금곡로102번길 20 1층	031-278-7940
직영점	수원화서점	경기 수원시 팔달구 화산로 56 (화서동)	031-278-5981
직영점	시흥목감점	경기 시흥시 목감둘레로 47	031-487-8863
직영점	시흥아웃렛점	경기 시흥시 서해안로 699	031-8072-3216
직영점	시흥정왕점	경기 시흥시 함송로 16	031-434-9716
직영점	아산둔포점	충남 아산시 둔포면 아산밸리북로 48, 511동 B101~111호	041-549-9606
직영점	아산배방점	충남 아산시 배방읍 북수로 101	041-549-6197
직영점	안동구시장점	경북 안동시 번영4길 15(서부동)	054-857-9071
직영점	안산고잔점	경기 안산시 단원구 고잔동 716-10	031-487-9041
직영점	안산이동점	경기 안산시 상록구 이동 718-4 1층 101~105호	031-502-2330
직영점	안성스타필드점	경기도 안성시 공도읍 서동대로 3939-39, 1층	031-8092-1476
직영점	안성공도점	경기 안성시 공도읍 공도로 159	031-692-0980
직영점	안성시장점	경기 안성시 시장길37, 지하1층(서인동)	031-677-8911
직영점	안양평촌점	경기 안양시 동안구 흥안대로 451, A동(평촌동)	031-426-8662
직영점	양산물금2점	경남 양산시 물금읍 증산역로 167	055-367-7083
직영점	양산물금점	경남 양산시 물금읍 청운로 350	055-367-9692
직영점	양주광사점	경기 양주시 광사동 656-2	031-856-7955
직영점	양주덕정점	경기 양주시 화항로 1402번길 9(덕정동)	031-868-7741
직영점	양주옥정점	경기 양주시 옥정동로7가길 44 비타민프라자 1층	031-862-8910
직영점	양주LF점	경기 양주시 평화로 1593, 2층 (LF스퀘어)	031-894-2650
직영점	엔터식스한양대점	서울 성동구 왕십리로241,지하1층(행당동 ,서울숲 더)	02-6454-6150
직영점	여주한글시장점	경기 여주시 세종로14번길 18 중앙프라자 B1호	031-886-9420
직영점	영등포양평점	서울 영등포구 양평로 135(양평동5가)	02-2069-2390
직영점	영등포여의도점	서울 영등포구 의사당대로 8 1층 일부(여의도동)	02-786-7668
직영점	예천호명점	경북 예천군 호명면 양지로 14	054-655-9954
직영점	오산갈곶동점	경기 오산시 오산로 51	031-378-6275
직영점	오산금암점	경기 오산시 금암동 503-2	031-378-2436
직영점	오산수청점	경기 오산시 오산대역로214 G플레이스 1층	031-378-7520
직영점	용인구갈점	경기 용인시 구갈동 354-5	031-693-6860
직영점	용인동천점	경기 용인시 수지구 동천로113번길 5, 1층	031-896-9241
직영점	용인보라점	경기 용인시 기흥구 사은로 130	031-693-9951
직영점	용인삼가점	경기 용인시 처인구 중부대로 1162	031-323-6816
직영점	용인상현점	경기 용인시 수지구 법조로 242	031-216-9962
직영점	용인성복점	경기 용인시 수지구 수지로 124 성복스퀘어 1층	031-896-8950
직영점	용인신봉점	경기 용인시 수지구 신봉3로 7번길 3	031-896-7813
직영점	용인죽전점	경기 용인시 수지구 죽전동 1206-1	031-889-3977

점포 구분	지점명	주소	전화번호
직영점	용인청덕점	경기 용인시 기흥구 구성로 357	031-693-5850
직영점	울산달동점	울산 남구 왕생로 58(달동)	052-267-4768
직영점	울산방어점	울산 동구 문현로 1(방어동)	052-209-2425
직영점	울산삼산점	울산 남구 화합로 152	052-276-9641
직영점	울산성남점	울산 중구 젊음의 2거리 33, 2층 (리버플레이스 빌딩)	052-243-8987
직영점	울산신천점	울산 북구 호계로 337-10 1층(시넌동, 317-16)	052-294-7781
직영점	원주단구점	강원 원주시 단구로 355	033-764-3275
직영점	원주무실점	강원 원주시 능라동길 34 1층	033-747-5827
직영점	원주반곡점	강원 원주시 황금로8 1층 (반곡동)	033-737-0580
직영점	원주지정점	강원 원주시 지정면 가곡리 1348-5	033-737-0512
직영점	위례스타필드점	경기 하남시 학암동 90-33 위례스타필드 지하 1층	031-8097-1348
직영점	위례창곡점	경기 성남시 수정구 창곡동 위례택지개발사업지구 업무25블록 아이플렉스101호	031-759-9296
직영점	은평진관점	서울 은평구 진관2로 19, 108~114호	02-389-6011
직영점	의왕포일점	경기 의왕시 성고개로53 (에이스청계타워) 1층	070-7811-7771
직영점	의정부녹양점	경기 의정부시 체육로 250-34	031-879-8441
직영점	의정부민락2점	경기 의정부시 용민로 493, 1층	031-853-7817
직영점	의정부민락점	경기 의정부시 용민로 124	031-853-9683
직영점	의정부신곡점	경기 의정부시 추동로 236 (신곡동)	031-853-7508
직영점	의정부호원점	경기 의정부시 호원동 434-2	031-876-6086
직영점	이천안흥점	경기 이천시 영창로 290	031-638-8312
직영점	익산부송점	전북 익산시 무왕로 1242	063-838-8225
직영점	인천가정점	인천 서구 가정동 606-2 1층	032-569-6570
직영점	인천논현역점	인천 남동구 앵고개로847번길 80-9	032-213-8086
직영점	인천논현점	인천 남동구 소래역남로 16번길 8-7,	032-429-8683
직영점	인천마전2점	인천 서구 마전동 979-4	032-569-6034
직영점	인천마전점	인천 서구 완정로 64번길 4	032-569-6263
직영점	인천불로동점	인천 서구 불로로 772-2	032-569-6038
직영점	인천서창점	인천 남동구 서창남순환로10번길 50, 1층	032-472-4950
직영점	인천송도센트럴점	인천 연수구 센트럴로 232	032-858-8120
직영점	인천송도점	인천 연수구 신송로 165-14, 1층 제 101~104호 (더 파라곤 빌딩)	032-858-7820
직영점	인천심곡점	인천 서구 심곡동 280-1	032-569-6689
직영점	인천원당점	인천 서구 원당대로 865, 제1층 110호~115호 (대신프라자)	032-569-5380
직영점	인천원창점	인천 서구 중봉대로393번길 26	032-571-1041
직영점	인천장승백이시장점	인천광역시 남동구 인주대로888번길 27(만수동)	032-473-8052
직영점	인천청라스퀘어점	인천 서구 청라루비로 76, 1층 101~105호 (청라스퀘어)	032-710-0920
직영점	인천청라점	인천 서구 경서동 955-2 키움프라자1층	032-569-5450
직영점	일산주엽점	경기도 고양시 일산서구 대산로 140(주엽동) 문촌마을 3단지	031-919-4095
직영점	제천중앙시장점	충북 제천시 중앙로1가 77 제천중앙시장상가	043-653-9566
직영점	주문진시장점	강원 강릉시 주문진읍 시장길 38, 1층	033-662-9971
직영점	진주초전점	경남 진주시 초전로 1705-8	055-795-5022
직영점	진주충무공점	경남 진주시 범골로60번길 10	055-763-4365
직영점	창원대동점	경남 창원시 성산구 원이대로 730	055-212-8795
직영점	천안백석점	충남 천안시 서북구 한들3로 78-3	041-622-7650
직영점	천안불당점	충남 천안시 서북구 불당19로 95 천안불당우미린센트럴파크1차	041-622-8803
직영점	천안신방2점	충남 천안시 동남구 신촌로 8	041-592-7156
직영점	천안신방점	충남 천안시 동남구 통정10로 43-31	041-592-7553
직영점	천안용곡점	충남 천안시 동남구 용곡동 481	041-592-9840

점포 구분	지점명	주소	전화번호
직영점	천안청당점	충남 천안시 동남구 청수동 청수14로 102(에이스법조타워116~122호)	041-622-8712
직영점	청주복대점	충북 청주시 흥덕구 대농로 49,비동 1층 (노브랜드 청주복대점)	043-239-9413
직영점	청주사천점	충북 청주시 청원구 새터로 182	043-218-9641
직영점	충주중앙탑점	충북 충주 중앙탑면 용전리 670	043-857-9227
직영점	통영광도점	경남 통영시 광도면 죽림2로 49-27	055-643-7432
직영점	파주다율점	경기 파주시 다율동 987-1 1층 101호	031-949-8460
직영점	파주동패점	경기 파주시 한울로 63, 1층	031-949-9885
직영점	파주목동동점	경기 파주시 심학산로 423번길 7-25, 1층 (일영프라자)	031-949-9356
직영점	파주아울렛점	경기 파주시 탄현면 필승로 200 파주프리미엄 아울렛매장 1110호	031-8071-7466
직영점	파주야당점	경기 파주 야당동 1056	031-949-8716
직영점	파주와동점	경기 파주시 가람로116번길 71	031-949-0321
직영점	판교운중점	경기 성남시 분당구 운중로 1018	031-8017-9652
직영점	평택동삭점	경기 평택시 동삭2지구 1블록 1로트(동삭동 340-17)	031-692-3886
직영점	평택비전2점	경기 평택시 평택5로 94, 1층	031-691-9072
직영점	평택비전점	경기 평택시 만세로 1866, 1층	031-692-1487
직영점	평택서정점	경기 평택시 경기대로 1393 (서정동)	031-668-5902
직영점	평택송담점	경기 평택시 안중읍 송담5길 28-14	031-686-9557
직영점	평택용이점	경기 평택시 용이동 451-9	031-692-2097
직영점	평택중앙로점	경기 평택시 중앙로 46,M-플라자 1층	031-692-1961
직영점	평택청북점	경기 평택시 청북읍 안정로2길 33-1,1층	031-686-9490
직영점	포천소흘점	경기 포천시 소흘읍 송우로 101-11,1층일부	031-544-9602
직영점	하남미사1동점	경기 하남시 미사강변대로 76 미사베스트프라자 101~106호(풍산동)	031-796-4097
직영점	하남미사2동점	경기 하남시 미사강변한강로 230(망월동)	031-796-1301
직영점	하남스타필드점	경기 하남시 미사대로 750(신장동,스타필드 하남)	031-8069-4071
직영점	하남천현점	경기 하남시 천현동 43-4(1층 전체)	031-796-4291
직영점	하단아트몰링점	부산 사하구 낙동남로 1413(하단동, 아트몰링)	051-991-7314
직영점	홍성남장점	충남 홍성군 홍성읍 남장중로 51	041-635-0412
직영점	홍성홍북점	충남 홍성군 홍북읍 청사로 146	041-635-0441
직영점	화성남양점	경기 화성시 남양읍 시청로 160번길 46, 1층 104~106호	031-357-6270
직영점	화성능동점	경기 화성시 여울로 178-5, 1층(능동)	031-8015-4145
직영점	화성동탄리치안점	경기 화성시 동탄순환대로 263, B1층	031-378-6879
직영점	화성동탄자이점	경기 화성시 동탄2(영천동 651-1372, 동탄대로 24길 117)	031-378-5986
직영점	화성동탄장지점	경기 화성시 장지동 산2-5	031-378-8793
직영점	화성반송2점	경기 화성시 반송동 61-8	031-8015-3512
직영점	화성반송점	경기 화성시 새강3길 27, 1층(반송동)	031-8015-5831
직영점	화성반월점	경기 화성시 영통로26번길 20	031-273-7801
직영점	화성봉담점	경기 화성시 봉담읍 동화새터길 62 1층	031-278-5915
직영점	화성수원대점	경기 화성시 봉담읍 와우안길 17 수원대학교 글로벌경상관	031-226-9654
직영점	화성진안점	경기 화성시 효행로 995 (진안동 507-2번지)	031-898-8552
직영점	화성향남점	경기 화성시 향남읍 상신하길로 328번길 8-13,1동	031-354-9002
직영점	화성향남행정점	경기 화성시 향남읍 행정동로 17	031-8059-2550
가맹점	강릉교동점	강원 강릉시 경포로 72-3	033-655-7076
가맹점	경산사동점	경북 경산시 백자로 72 103호	053-817-1771
가맹점	경산백천점	경북 경산시 경청로222길 24 1층	053-812-1182
가맹점	경주용강점	경북 경주시 산업로 4506	054-773-2012
가맹점	고양행신중앙점	경기 고양시 덕양구 중앙로557번길 10 1층	031-979-5250
가맹점	구미송정점	경북 구미시 송정대로 88	054-453-8666

점포 구분	지점명	주소	전화번호
가맹점	구미확장점	경북 구미시 산동면 신당2로 9 102호	054-472-3888
가맹점	군산미장점	전북 군산시 수송로 253 다산빌딩 101호	063-452-8899
가맹점	군포산본역점	경기 군포시 번영로 494	031-399-7417
가맹점	김포풍무점	경기 김포시 풍무로96번길 25-2 외 2필지 1동	031-996-7867
가맹점	대구봉무점	대구 동구 팔공로49길 15 1층	053-983-2929
가맹점	대구사수점	대구 북구 내곡로 38-4	053-321-1173
가맹점	대구세천점	대구 달성군 다사읍 세천리 1590-4	053-584-2526
가맹점	대구옥포점	대구 달성군 옥포읍 교항리 2928	053-611-3800
가맹점	대구유가점	대구 달성군 유가읍 테크노상업로 120 105호	053-614-5151
가맹점	대구율하점	대구광역시 동구 안심로 16길 47	053-965-1088
가맹점	대구학정점	대구 북구 북구 학정로 535	053-312-3399
가맹점	대구현풍점	대구 달성군 현풍읍 테크노대로 54 1층	053-614-6148
가맹점	대구매천점	대구 북구 매전로4길 32 한신더휴웨스턴팰리스 401동 101호	053-322-0999
가맹점	대전가오2점	대전 동구 대전로 408 1층	042-273-6060
가맹점	대전관저2점	대전 서구 관저북로 19	042-525-8998
가맹점	동해남부시장점	강원 동해시 청운1길 29 1층	033-522-0690
가맹점	마산현동점	경남 창원시 마산합포구 현동4길 10	055-221-0802
가맹점	문경모전점	경북 문경시 당교로 242	054-553-8899
가맹점	속초조양점	강원 속초시 동해대로 4142 1층	033-637-7076
가맹점	안동옥동점	경북 안동시 경북대로 382	054-858-5859
가맹점	영주가흥점	경북 영주시 대학로 248	054-638-5859
가맹점	울산무거점	울산 남구 대학로 137	052-277-9968
가맹점	울산범서점	울산 울주군 범서읍 구영로 126 1층	052-243-8766
가맹점	울산유곡점	울산 중구 종가3길 18	052-245-5403
가맹점	원주단계점	강원 원주시 백간길 37-6	033-748-7358
가맹점	인천당하점	인천 서구 서곶로 788 1층 111~114호	032-566-5550
가맹점	인천청학점	인천 연수구 청능대로23번길 11 청학동 LF스퀘어 1층	032-822-6035
가맹점	전주삼천점	전북 전주시 완산구 용리로 20 105호	063-225-5620
가맹점	전주송천점	전북 전주시 덕진구 사근1길 20 101~102호	063-253-8884
가맹점	제주아라점	제주 제주시 구산로 27	064-702-2586
가맹점	진주MBC점	경상남도 전주시 가호로 13 지하 1층	055-762-7976
가맹점	진천덕산점	충북 진천군 덕산읍 대하로 138 우미린스테이상가 C동 111호	043-532-1002
가맹점	진해용원점	경남 창원시 진해구 용원로 21	055-552-9972
가맹점	진해자은점	경남 창원시 진해구 장복대로 171	055-546-7773
가맹점	진해풍호점	경남 창원시 진해구 천자로 379	055-551-7670
가맹점	천안성성점	충남 천안 서북구 성성8로 2-11	041-551-7149
가맹점	춘천점	강원 춘천시 후석로 11	033-263-7417
가맹점	충주호암점	충북 충주시 호암토성4길 3	043-848-1188
가맹점	칠곡석적점	경북 칠곡군 석적읍 남율리 613	054-977-8448
가맹점	칠곡왜관점	경북 칠곡군 왜관읍 중앙로 58	054-972-3722
가맹점	포항상도점	경북 포항시 남구 중흥로 9	054-285-3777
가맹점	포항양덕점	경북 포항시 북구 신덕로 183	054-251-5400
가맹점	포항초곡점	경북 포항시 북구 흥해읍 초곡리 1191	054-261-6543

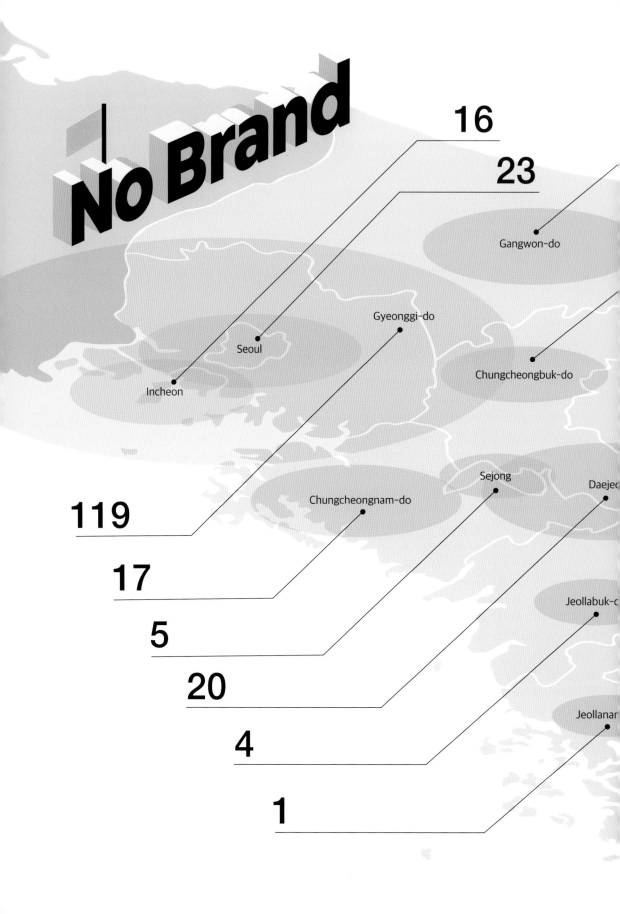

No Brand

16

23
Gangwon-do

Gyeonggi-do

Seoul

Incheon

Chungcheongbuk-do

119

Chungcheongnam-do

Sejong

Daeje

17

5

Jeollabuk-c

20

4

Jeollanar

1

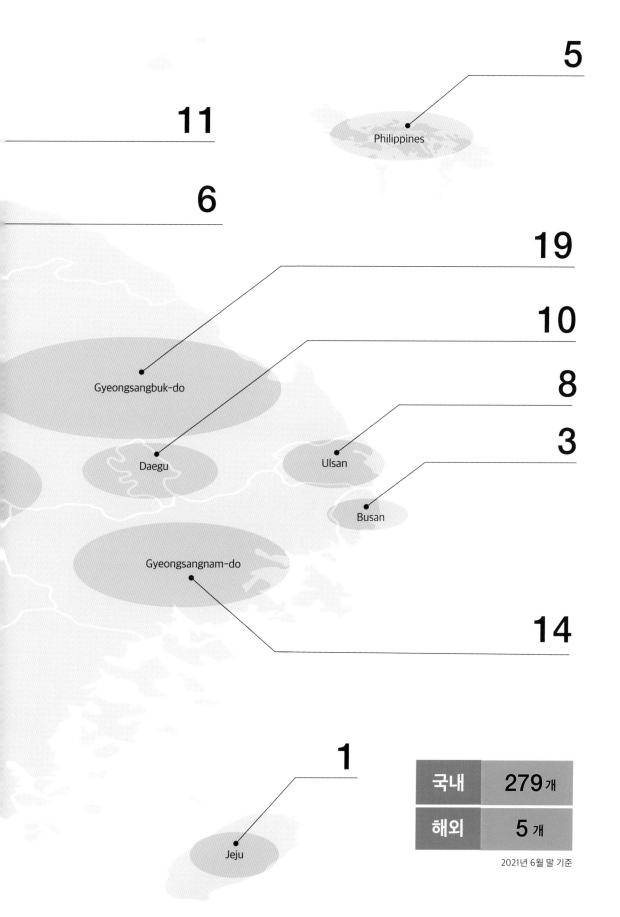

5

11

6

19

10

Philippines

8

3

Gyeongsangbuk-do

Daegu

Ulsan

Busan

Gyeongsangnam-do

14

1

Jeju

국내	279개
해외	5개

2021년 6월 말 기준

No Brand : This is not a brand

지은이
월간 〈디자인〉·노브랜드

펴낸이
이영혜

펴낸곳
㈜디자인하우스

책임편집
이지현

편집진행
이새미
정소정(리빙테이블)

디자인
심혜진, 박예지

사진
박찬우(집스튜디오)
박성훈(스튜디오 달링하버)

스타일링
고은선(고고작업실)

진행
노브랜드 브랜딩 총괄 김기영,
노브랜드 사업기획팀 과장 공인원,
월간 〈디자인〉 전은경, 임은화

디자인사업부문장
이민형

출판등록
1977년 8월 19일 제2-208호

주소
서울시 중구 동호로 272

대표전화
(02) 2275-6151

영업부 직통
(02) 2263-6900

홈페이지
designhouse.co.kr

영업
문상식, 소은주

제작
정현석, 민나영

출력
㈜애드코아

인쇄
㈜대한프린테크

가격
14,800원

1판 3쇄 인쇄
2021년 8월 18일

1판 2쇄 인쇄
2021년 7월 26일

1판 1쇄 발행
2021년 6월 23일